昭和44年生まれ

わが世代

YaYaあの頃《とき》を忘れられない

We can't somewhat forget those days.

Born in 1969

委員会編

昭和44年　■マンガ「ドラえもん」連載開始

この本に記載された内容はすべて編集委員の主観的感想文です。
内容に使用されたキャラクターその他著作物を侵害する意図はありません。

はじめに

私たちがともに生きた昭和四十四（1969）年から令和元（2019）年の歴史は、「実感」とは関係なく、〈高度経済成長時代〉〈バブル崩壊〉〈アイドルブーム〉〈ポストモダン80年代〉〈IT時代〉〈地球温暖化時代〉というような名称で客観的に論じられ、数値化されて語られています。しかし私たちの【思い出】という主観的な世界は、客観的事実とは違う色合いでこまごまとした出来事や感情の累積として心の中にあります。それは客観的な歴史とも知識とも違うものです。私たちはその感情の累積を拠り所としてそこに生きているのですから、それが「私たちの歴史」と言っていいでしょう。

長く「思い出を語ること」はセンチメンタルなうしろ向きの行為とされてきました。しかし、その「思い出」こそが人生に必要な歴史だったのではないでしょうか。どんなにバブル期の客観的歴史を語っても、私たちにはピンときません。私たちが持っているのは、あの時、同じ時間を生きたもの同士がどのように考え、生きたのか、思い出として語るさまざまな出来事、ディスコでの一コマ、スキー場でのエピソード、クリスマスイブでの失敗談です。それは活き活きと実感を持った私たちの物語です。今、それを大事に語り継ごう、それだけが私たちの【心の財産】であると、この企画を作りました。

私たちの中にある「経験」や「知識」は、どんな本にも書かれていない、誰にも盗まれることのない私たちだけの財産です。同時にこの「思い出」は、どのような価値をもっているのかということこそ、私たちがこの先の五十年を生きるために必要なエネルギーの源泉であり、エッセンスなのだと思います。

昭和44年　■「アポロ11号」人類初の月面着陸

プロローグ

『わが世代　〇〇年生まれ』シリーズという気になる本との出会い

小学生の頃、編集者だった父は毎日深夜まで仕事でほとんど家におらず、たまの休みといえば、書斎兼寝室である部屋の机に原稿を積み上げ、万年筆を片手にタバコをくゆらせていた。

父の机が綺麗に片付いていたことなど、一度もない。『週刊朝日』と『文藝春秋』、茶色の書類袋に、原稿用紙なのかゴミなのか分からない大量の紙の山、ピース缶の中にはいつも吸い殻が目一杯詰まって置いてある。タバコと湿った紙の匂いが父の部屋にはいつも充満していた。

私は、深夜に帰って来た父がまだ寝ている朝方に、父の【お土産】を確認することが好きで、よくこっそり部屋に入って、昨夜持ち帰って来た新しい本を物色していた。本と言ってももちろんお目当ては、たまに買って帰ってくるマンガ本。小学生の女子が読むような本ではないことは分かっていても、当時の私はとにかくマンガに飢えていて、どんなマンガも食い入るように読んだ。

『ブラックジャック』の新刊を買って来てくれた時は、「やった！」と、こっそり自室に持ち込んで何度も繰り返し読んだ。その頃父がハマっていた萩尾望都や山岸凉子、一条ゆかりの作品は、少し大人びた内容で、なかなかストーリーの奥深さまではたどり着けなかったと思うが、それでも、想像力をフル回転させてその世界に没頭した。女性著者の作品はともかく、東海林さだおの作品や、死の恐怖に苛まれながら「医者はどこだ」と腕の血管をつなぎ持ち、医者を求めて漁村らしき奇怪な町を放浪する『ねじ式』（つげ義春著）などは、あまり教育上はよくなかったのかもしれない。
私の家には、一般家庭にはめずらしい「書庫」という部屋が三つもあり、書棚は「歴史」「宗教」「教育」など細かく分類され、学校の図書室さながら。目線を替えるとお化け屋敷とも言えそうな仰々しい部屋だった。大半の本の所有者は祖父だったが、父が収集した手塚治虫のほぼすべての作品たちが収められている「マンガコーナー」の書棚は、私にとってパラダイス的居場所で、休日の朝から夕方までその場にこもりきりになることは珍しくなかった。
そんなマンガ少女だった私だが、家にある全てのマンガを読み尽くしてしまうと、何か面白い本はないかと書斎の中を時々探索した。書棚には「河出」というコーナーがあり、そこは父が編集を手がけた河出書房新社発行の本が並べられていた。
私が『わが世代　〇〇年生まれ』シリーズを目にしたのはそのときだった。誕生年がタイトルになった気になる本だった。ちなみに父は昭和十四年生まれ、しかし、その本を当時開いて読むことはなかった。

『昭和四十四年生まれ』を作りたいと思い立ったが……

このシリーズをもう一度作ってみたいと言い出したのは、それから三十年以上経った私が四十四歳のとき。「そうだ『昭和四十四年生まれ』を四十四歳で出そう！」とふと思いついた。子どもがいたずらを「思いついちゃった！」というレベルの発案で、同窓会というものをほとんどしたことのない私たちが「そろそろ同窓会でもやろうよ」という企画程度に、簡単にこの本の完成に至るイメージを膨らませた。

昭和44年　■日本銀行が透かしの入った新五百円札を発行。日本で初めて現金自動支払機を設置

最初の考案は、それまでのシリーズをなぞるように〈あの頃〉を同級生たちから聞き出し、懐かしい出来事やアイテムをまとめて、

「あー、あったよね、これ！　なつかしい〜」

と、ページをぱらぱらめくってもらう本だった。

誰か一緒に制作をしてくれる同級生はいないだろうかと考えたとき、美術予備校で知り合って二十五年来の友人を思い出した。今グラフィックデザイナーとして活躍している彼に話を振ると、

「いいね！　やろう！」

と、二つ返事で乗ってくれた。彼もまた、「同窓会、いいね〜」という感覚だったにちがいない。

私たちはすぐに編集作業を開始したのだが、それから、なんと六年という年月が経ってしまった。

なぜか？　たしかに四十代の私たちは「忙しくしていた」。仕事も子育ても、どちらも手を抜けない日々だったのだが、「思いついちゃった！」軽いノリの出鼻をくじいたのは「著作権」の問題だった。我々の青春時代といえば、80年代アイドル全盛期！　そしてお笑いブーム！「あの頃」のアイドルや芸人たちの写真掲載は、「著作権」「肖像権」「個人情報の漏えい」などの規制がかかって簡単には掲載できなかったのだ。「え〜、じゃあどうするぅ？」と、いきなり壁にぶち当たった。しかし、この「個人情報」という問題こそが、私たちの生きた時代の最も特徴的な出来事だったのではないかと思い至った。

「個人情報」を守ることになったのは、コンピュータとインターネットの時代になった１９８０年代頃からの四十年、つまり私たちの物心がついてからの時代そのものということになる。それまでは何でも

なかった個人の姓名、生年月日、住所、電話番号、性別といった何の値打ちもない情報が「重要な価値」になったのである。しかも「個人情報保護法」までできた。いったいこれは何を意味したのか。

本を作ろう！と思い立ってから六年という時間を経たことで、最初のノリで作っていたら生み出せなかったさまざまな「気づき」が生まれた。それは「この本の意味」、私たちが作らなければいけなかった本は「あの頃懐かしいね〜本」ではなく、「私個人の人生情報はとても大切なもの」だということが、ようやく見出せたのだ。

私たちは似たような感じ方、生き方、価値観を持っている。その私たちが五十歳になったことで、この「気づき」に到達したのだろうと思う。「思い出」という歴史が人を作るということに。

昭和44年　■テレビ番組「サザエさん」「8時だヨ！全員集合」放映開始。人気アニメ「ムーミン」「ハクション大魔王」「ひみつのアッコちゃん」

「えーっ？ 五十歳！ 信じられない〜」 客観的には五十歳になったはずだが、主観的にはまだ三十代？ 四十代？ 五十歳などという大人ではない 『プロローグ』

私たち昭和四十四年生まれ世代の人間は、平和で豊かで、何もかも満たされていた時代を生きてきました。その日々を思い出すと、その幸せな情景に、ときどき涙が出そうになります。

この本の文中に紹介されているアンケートは、同じ歳の友人たちに回答していただいたものです。その質問の中に《もしもタイムマシンがあったら、どの時代に戻りたい？》という項目を入れてみました。すると、アンケートに答えてくれた多くの同級生が、「あの」時代に戻りたいと、回答しました。空き地がまだ近所にあった「あの時代」に。「私たちの昭和」があった、あの時代に。

昭和上等！

私たちが駆け抜けた昭和は「必死」や「貧困」なんて言葉とは無縁で、私たちは歌謡曲を聴き、コカコーラを飲んで、お笑いのテレビ番組に大笑いしながら、バブルの後も「それなり」の人生を歩んできたのだと思います。そんな姿を見て私たちの将来を案じる親を私たちは半笑いし、幸せはいつまでも続くと信じ込んでいた青春時代があり、そして、今《不景気》が当然となった「それなりの生活」の中で、私たちがノスタルジックに「戻りたい」と思うのが、「あの時代」なのです。

すでに私たちの子どもたち、次の世代が、もうだいぶ大きくなっています。そろそろ子どもが自立する歳になった同級生も出てきた五十歳の私たち、たしかに最近「あれ、なんか歳とったな」って思うけれど、そして「老後の自分」なんてものもチラッと考えるようになってきたけれど、『サザエさん』のフネさんや波平さんのようでは決してない。五十歳ってどんな年齢なんだっけ？そう思いませんか？

ときどき自分の中学時代の話を娘にすると、「うわぁ！昭和だな～」なんてちょっとバカにしたように言われます。そこで私は言い返します。

「昭和上等！」

だって、私たちが生きてきたあの頃は、次世代の子どもたちに自慢できるような時代だったはず。今の子どもたちは、《昭和》をどんなものだと捉えているのでしょうか。

夢中になることって、どんなにステキか！

今、令和を迎え、私たちが次世代に伝えたいことはなんでしょう？私たちが向かう先は、どんな未来でしょう？

中学生の時には想像もできなかった時代を今生きて、次の世代に「昔話」ではなく、伝えられるものがあるならば……それは、「私たちの昭和の話」ではないかと思います。生温い最後の昭和の時代に、「青春」という言葉がまだ生きていた時代に、私たちの歴史があります。そこにあったものは、果たしてミラーボールのようにくるくる輝いていたものだけだったのでしょうか。どの町にもジャイアンがいた時代、安全で、

昭和45年　■国産初の人工衛星「おおすみ」の打ち上げ成功。植村直己・松浦輝夫がエベレスト登頂に成功

自由で、誰もが未来には空を飛ぶ車が登場すると信じたあの時代を……一緒に思い出してみてください。

思い出は、未来を変える力を持っている

この本は、同級生みんなの手でつくられました。「原稿を書いて!」と頼んだときに、「文章なんて書けないよ」と拒んだ人も、自分の半生をもう一度なぞってみたくなったのか、伝えたいことが湧いてきたのか、いろんなことを思い出してくれました。内容は、「あえて」その人が生きてきたそのままのエピソードを載せています。

別の地域に育った同級生が、どんな幼児期・青春期を過ごしていたのか、ちょっと耳を傾けてみてください。この本を手にして読んでいるあなたは、同級生(昭和四十四年生まれ)の方ですか? この本の中に原稿を送ってくれたあなたかしら? それとも、同級生のご家族? パートナーの方ですか?

もしよかったら、これを読み終えた後、自分のお子さんに、後輩に、ずっと下の年齢の誰かに、渡してみてもらえませんか。私たちがこの五十年間をどう生きてきたか? この先の五十年をどう生きていくのか?

もしかしたらですが、その人が今悩んでいることのヒントがあるかもしれません。あなたが生きてきた時代に、次の世代の人たちが、何かを発見できるかもしれません。

ときめいたことの値打ちを、エキサイティングな経験を次世代に伝えてもらえませんか。

出生数

昭和四十四（1969）年
出生数　188万9815人

平成三十（2018）年
出生数　91万8397人

（参照：厚生労働省ホームページより）

昭和45年　■日本万国博覧会（大阪万博）が開催。よど号ハイジャック事件。三島由紀夫が割腹自殺する（三島事件）

目次

昭和45年 ■日本初のテレビショッピング番組放送開始。東京都内ではじめての歩行者天国が銀座、新宿、池袋、浅草で実施

昭和46年　■日清食品から世界初のカップ麺「カップヌードル」発売。マクドナルドの日本1号店が東京・銀座に開店

第1章　最後の昭和（あの頃、みんなはなにしてた？）

〈エーッ！ウッソー世代〉を振り返り

美しい日本語がどんどん軽く↓丸文字、ヘタウマ、使いやすい、楽しい日本語へ

私たちは、五十歳になった。にわかに信じがたい。と、同級生の誰もが言うと思う。四十歳になったとき、「なんか四十歳って感じしない」と、たぶん多くの人が感じたはず。↑細かいところだけど、ココ注目。あえて「四十歳という感じがしない」ではなく、「四十歳って感じしない」と書いてみた。この手の文体に、イイオトナになった皆さんは、ちょっとイラっとするかもしれないけれど。

昭和後期、私たちが使う日本語が大変化し、我々の親たちはこぞってそのことを嘆いた。当時流行った「ナウい」や「うざったい（ウザいの原型）」などもちろんだが、口語をそのまま文字にするような言葉の使い方や丸文字など、親たちがいう「美しい日本語」が日常生活から少しずつ消えていったように思う。

我々昭和四十四年生まれ組は、良くも悪くも「いい加減」で苦労をしなくても生きていかれる時代を満喫し、今《五十歳》になった。ちょっとウザいかもしれないけれど、ココはあえて我々流に、

「エーッ、ウッソー！」

「やだーー！」

「も〜しんじらんなーい。なんか五十歳って感じしな〜い！」

と、言ってみる。……ほとんど十代のときと同じようなテンションで成長していない。いや、成長はしてる。でもなんとなくこんな感じの表現が私たちらしいような気がする。なので、この先の文章は、皆自由に

書いてもらった通りに載せたい。そう、あの時流行った《交換日記》に近いような感じで。

文学好きな人への前置き的お願い

この本の執筆者は複数いて、無記名・記名・男女のどちらかも曖昧なまま、個人的思い出を掲載している。執筆者名が出てくるところもあるが、この本ではそれが本名か仮名かはあまり重要ではない。読み手の印象のまま、自分のことと思っても、友だちの話と思っても構わないことにしたい。

文章は、教科書に載っているような文章ではないことを先におことわりしておきたい。「エーッ、ウッソー！」の私たちは、「文章？ 書けないよ」と後ずさりする。親たちが大事にした日本文はニガテなのだ。だから、本書は同級生を居酒屋に連れて行き、口説き落として完成した「昭和四十四年流」作品なのである。

そして、この本のラストには「宿題」が用意されている。読み進めてくださった皆さんが、どんなツッコミを入れたくなったのか、「はい！ ここ、試験に出ます！」とは書かれていないので、心の中でひっそりと自分のエピソードを思い出してほしい。

「あの頃本」とはちょっと違うんです。個人の「思い出」を「書き換え保存」しています

近年やたらと80年代の流行や当時のアイドル、昭和のなつかしグッズなどの「あの頃」を記録した本が多く見られ、その冊子はそれなりに面白い。最近の子どもたちがカラオケで昭和の歌をうたい、運動会の徒競走でピンク・レディーが流れ、ファミコンがまた流行ってきたりしている。当時を模したドラ

昭和46年 ■「ルパン三世」がテレビアニメ化

マがウケているのは、もしかするとそれらの番組や本の制作責任者が、ちょうど部長クラスになった我々世代の人間で、子どもたちにそれらを「面白い」と後押し発言しているのかもしれない。

この本を手にした方が、「懐かしのアイドルの写真がたくさん載っている本」を期待していたのだとしたら、非常に申し訳ないが、そうではないことを前置きとしてお伝えしておく。

かつて発行された『わが世代　昭和○○年生まれ』シリーズは、「【あの頃】を編集者が好き勝手に語る本」だったのだが、「はじめに」でお断りしたように、この本はそういった記録本的なものではなく、主観的な思い出の本である。懐かしいビジュアルはどうか他の本で楽しんでいただきたい。

あえて言うなら、この本は、「同級生との飲み会でのあの会話」のような感じだろうか。「あの会話」の意味は、読み進めていくうちに分かっていただけると思う。

上がるも下がるもない私たちの時代にくらべて、右肩ぐぅーんと上がりの親の時代

さて、皆さんのエキサイティングな思い出を紹介していく前に、私たちの親世代のことをちょっと記しておきたいと思う。

親の年齢はさまざまだけれど、昭和十年代生まれの親を持っている人が多いのではないかと思う。戦後のどん底から、駆け上がっていく日本を中心になって見続けてきた人たち。高度成長期の柱として、日本を支えてきた張本人。父曰く「そりゃあもう、ウハウハの時代よ！」（だったそうだ）

三種の神器《じんぎ》（電気洗濯機・電気冷蔵庫・白黒テレビ）、そして3C（カラーテレビ・カー・クーラー）

が登場し、経済は右肩上がり、新商品が次々と現れ、学生運動やらオリンピックやら、世の中が活気に満ち、高層ビルがニョキニョキ建っていった時代。そんな時代を生きた人たちに、私たちは育てられた。

多少の個人差があっても、きっと同級生の多くが、小学校時代に作文のテーマに《尊敬する人》と与えられた時、なんの躊躇いもなく、そこにお父さんもしくはお母さんの顔を想い描いたのではないだろうか。

今回行なった同世代アンケートにあった質問項目《父親はどんな人？》の回答が、「頑固」「真面目」「厳格」「勉強家」など、大黒柱としての責任感の強さがみられ、《母親はどんな人？》の回答は、「優しい」「働き者」「前向き」など、献身的な表現が多かった。

彼らが四十歳くらいだった時、彼らの【三十年前】は、戦争中や戦後の厳しい時代だった。私たちが「うっそ〜、もう四十歳？ しんじらんない〜」と言っていたあの頃から三十年前の自分の姿を思い出してみても彼らが体験してきた怒涛の人生は私たちとは比較にならない。

そんな目線で思い出してみると、隣の席の子のお父さんも、隣の家の子のお父さんも、「学」か「業」をどちらかは持っていて、子どもが作文で《尊敬》を表現する要素に足りていたのだと思う。ああ、そうか、当時作文で読み上げていたから、私は隣の席の子のお父さんがどんな人物なのかを知っている。私たちはあの頃、親を「尊敬する」という常識観を持って生きていた。

近所の魚屋や八百屋のおじちゃんは、誰かのお父さんだったりするので、その人柄も容易に想像ができた。授業参観日に来た友だちのお父さんに話しかけられて緊張したり、友だちの家に遊びに行けば、

昭和47年 ■日本テレビで「太陽にほえろ!」、東京12チャンネルで海外アニメ「スパイダーマン」が放送開始

お母さんがおやつを振る舞ってくれるのだから、「真面目なお父さん」とか、「優しいお母さん」というキーワードが出てくれば、その像をイメージすることがたやすかった。私たちの親は、日本の高度成長期を生きてきた人たち。だから私たちは、親から見てとても生ぬるく見えたと思う。同級生なら、胸に手を当てずともすぐに思いつくだろう、私たち昭和四十四年生まれの子どもたちは、本当に自由でのびのび生きていたから。

そんな右肩上がり時代の親を持った私たち四十四年組は、今どんな人生を歩んでいるのだろうか……。

私たちは彼らの背中を見て生きてきた。当時のお母さんは専業主婦も多かったが、女性の自立が見え始めた時期だったので、私たちの中には母の背中に倣いキャリアウーマンとして成功している人も多くいると思う。

「管理教育」のたまもの＝昭和の申し子

チョット堅苦しい話になるが、私たちがこうして自由でのびのび（あるいは勝手気ままに）生きていた背景の若干客観的な話を書き足しておこうと思う。

生まれ年の昭和四十四年一月、【安田講堂事件】といわれる東大での出来事があった。１９６０年代後半から70年代前半にかけては、大学紛争の絶頂期であり、事件の日の東大キャンパス周辺は、催涙ガスで景色が見えないほどだったらしい。その年の入試はなくなり、入学生はゼロ人だった。生まれたばかりの私たちは、世の中がそんなことになっていたなんて、もちろん知らないが、この事件のあたりから、日本はガラリとかわったというのだ。大学生ごときが暴れて世の中を撹乱させるようじゃいけないと、「管理教育」が強化された。おかげで、私たちの小学校生活は「管理」されていくこととなる。

つまり、「社会批判をしたり、反抗しないように子どものときから厳しく管理」されたのだ。だからなのか「憲法九条を守れ。改正反対」などと言われても、ピンとこない。つまり政治には無関心なのだ。

そんなことは、つゆほども知らない私たちは、お笑いブームで漫才を見て笑い、ニューミュージックを聴き、少女マンガの世界にうっとりしながら、世の中の仕組みについてあまり真剣に考えずとも、塾で勉強をすれば「頭のいい子」と言われ、「東大に行くことが最も賢い」という風潮に、なんの疑問も抱かず、すくすくのびのび育っていった。

「優秀な子ども」のイメージも、親世代のそれと変わってしまったらしい。《塾に行って、成績を伸ばした子》が「優秀な子ども」になってしまったことで、《リーダーシップがとれる子ども》がたちまち減ってしまった。

私たちが、ドラえもんを読んでいた頃、町に一人いた【ジャイアン】が、少しずつ、少しずつ消えていった。それを不思議とは思わなかった。ジャイアンは、暴力的でこわい子だから、いなくてもいいと思っていた。好きなことをできることが「自由」で「豊か」だと思って受け入れていた。今回のアンケートでも《ガキ大将っていた？》という質問を投げかけた。答えは、「いた」が30%、「いなかった」が60%だった。

バブルに向かうあらゆる「原因」が、私たちの時間に平行して進んでいた。そのことに気付かずに生きた世代、それが、わが世代昭和四十四（1969）年生まれの核にある。

昭和47年 ■自動車に初心者マーク登場。山陽新幹線新大阪〜岡山間暫定開業。モスバーガーの第1号実験店舗が開店

〈管理教育〉

●遅刻の理由は例え不可抗力であっても一切認めない

●登校時の校門指導と指定時刻での校門閉鎖

●生徒の意見を無視して決めた校則

●男子生徒の丸刈り強要・女子生徒の髪型の厳密な適用、赤毛の生徒に髪を黒く染めることを強要

●制服・制帽の着用徹底。女子のスカート丈を定規で測る

●学校によっては休日の私的な外出時にも制服を着ることを定めていることも

●体罰の行使

●朝礼、2時限目と3時限目の間の体育への強制参加

●集合時や準備体操時に大声を出すことを強要し、声が小さいとやり直しをさせる

●運動会(体育祭)における行進・組体操・ダンス・マスゲーム等の長期間に及ぶ反復練習

●体罰や言葉の暴力も伴う厳しい指導を通して形成される統一された動き(しごき)

●運動会におけるナチス式敬礼・ガチョウ足行進の強制

●強歩大会・合唱コンクールへの強制参加、競争原理の促進

●運動部部活動への加入強制

●授業開始前・放課後の課外学習会への参加強制(0時限、7時限など)

●学習指導要領への服従強要

●持ち物検査と私物没収

●学区外外出時の事前届出制

●N度の角度で挙手、会釈時の上半身の角度、学習用品を机上で置く位置など、異常なほど細かい行動規則

●給食の三角食べの強要、完食強制。完食できない場合には給食指導係や教諭によるいじめ・拷問

●高校以上において運転免許取得に厳しい罰則を設ける、オートバイの禁止

●定期テストの順位を廊下に貼り出し、点数により色の異なるシールを貼った表を掲示

●新聞部や放送部など報道活動への干渉

●広報委員会は学校に都合の良いプロパガンダポスターを掲示

●休日の行動を制限するため、土日も部活動を実施。大量の宿題を出す

●三ない運動(バイクの免許を取らせない・バイクに乗せない・バイクを買わせない)の徹底

警察白書　校内暴力事件数と検挙・補導人員数（1975年度～2018年度）

年度	事件数	検挙・補導人員合計	小学生	中学生	高校生
1975	2732	6885		4506	2379
1976	2301	6221		4053	2168
1977	1873	6343		4358	1985
1978	1292	6763		4288	2475
1979	1208	6719		5141	1578
1980	1558	9058		7108	1950
1981	2085	10468		8862	1606
1982	1961	8904		7952	952
1983	2125	8751		8227	524
1984	1683	7110		6657	453
1985	1492	6094		5683	411
1986	1376	5225		4924	301
1987	947	2852		2698	154
1988	943	2581		2409	172
1989	939	2651		2479	172
1990	780	2260		2130	130
1991	625	1702		1568	134
1992	567	1600		1430	170
1993	470	1293		1137	156
1994	494	1166		1092	74
1995	464	1005		917	88
1996	448	897		837	60
1997	571	1246		1117	129
1998	661	1208		1093	115
1999	707	1220		1150	70
2000	994	1589	4	1422	163
2001	848	1314	6	1175	133
2002	675	1002	16	887	99
2003	715	1019	5	893	121
2004	828	1161	25	1022	114
2005	1060	1385	21	1255	109
2006	1100	1455	27	1338	90
2007	1124	1433	27	1245	161
2008	1212	1478	16	1320	142
2009	1124	1359	32	1246	81
2010	1211	1434	29	1320	85
2011	1270	1506	27	1366	113
2012	1309	1608	54	1414	140
2013	1523	1771	70	1569	132
2014	1320	1545	77	1338	130
2015	967	1131	68	967	96
2016	832	926	88	751	87
2017	717	786	117	600	69
2018	668	724	150	464	110

1991年	**平成3年（22歳）**	1月 湾岸戦争勃発（～2月） 9月 韓国と北朝鮮が国際連合に加盟 12月 ソ連崩壊　バブル経済崩壊
1992年	**平成4年（23歳）**	夏季・冬季オリンピックが交互に行われることになる
1993年	**平成5年（24歳）**	5月 Jリーグ開幕
1994年	**平成6年（25歳）**	関西国際空港開港
1995年	**平成7年（26歳）**	1月17日 阪神淡路大震災（M7.3）発生 3月20日 地下鉄サリン事件
1996年	**平成8年（27歳）**	広島県の原爆ドームと厳島神社が世界遺産に登録
1997年	**平成9年（28歳）**	4月1日 消費税が5%となる 7月 英国、香港を中国に返還する
1998年	**平成10年（29歳）**	2月 長野オリンピック開催
1999年	**平成11年（30歳）**	9月30日 東海村JCO臨界事故 12月 ポルトガル、マカオを中国に返還する
2000年	**平成12年（31歳）**	6月 三宅島噴火
2001年	**平成13年（32歳）**	3月 ユニバーサル・スタジオ・ジャパン開業 9月11日 アメリカ同時多発テロ
2002年	**平成14年（33歳）**	欧州12カ国で単一通貨「ユーロ」流通開始
2003年	**平成15年（34歳）**	日経平均株価がバブル崩壊後の最安値7,603.76円を記録
2004年	**平成16年（35歳）**	スマトラ島沖地震発生。死者・行方不明者約30万人
2005年	**平成17年（36歳）**	愛知万博開催（3/25～9/25の185日間） 4月25日 JR福知山線脱線事故
2006年	**平成18年（37歳）**	地上デジタルテレビの「ワンセグ」開始
2007年	**平成19年（38歳）**	日本郵政公社が解散。日本郵政株式会社が発足
2008年	**平成20年（39歳）**	9月 リーマン・ショック
2009年	**平成21年（40歳）**	日本の奄美群島などで皆既日食が観測される
2010年	**平成22年（41歳）**	はやぶさ（探査機）が小惑星イトカワから地球へ帰還
2011年	**平成23年（42歳）**	3月11日 東日本大震災（M9.0）発生
2012年	**平成24年（43歳）**	5月 東京スカイツリー開業
2013年	**平成25年（44歳）**	「アベノミクス」でリーマン・ショック以前まで景況感回復
2014年	**平成26年（45歳）**	4月1日 消費税が8%となる
2015年	**平成27年（46歳）**	安全保障関連法案が可決
2016年	**平成28年（47歳）**	4月16日 熊本地震（M7.3）発生
2017年	**平成29年（48歳）**	プレミアムフライデー初実施
2018年	**平成30年（49歳）**	6月18日 大阪府北部地震（M6.1）発生
2019年	**平成31年（50歳）**	4月1日 新元号「令和」を発表
2019年	**令和元年（50歳）**	今上天皇 5月1日 令和に改元　憲政史上初の生前退位 9月20日 ラグビーW杯日本大会開幕 10月1日 消費税が10%（標準税率）になる

昭和48年 ■オイルショックによる物価急上昇。トイレット・ペーパー、洗剤などの買いだめ騒動が起こる

昭和44年生まれの50年史

1969年	**昭和44年（0歳）**	1月 東大安田講堂事件　7月 アポロ11号が人類初月面着陸
1970年	**昭和45年（1歳）**	3月 よど号ハイジャック事件
		3月 日本万国博覧会（大阪万博） 開催（3/15～9/13の183日間）
		7月 光化学スモッグ／モーレツからビューティフルへ（CM）
1971年	**昭和46年（2歳）**	7月1日 環境庁が設置される／マクドナルド上陸
1972年	**昭和47年（3歳）**	2月 札幌オリンピック開催／日本列島改造論（田中角栄）
		2月 連合赤軍あさま山荘事件
		5月15日 沖縄がアメリカから返還される
		9月 日中共同声明により中国と国交を回復（田中角栄首相）
1973年	**昭和48年（4歳）**	第一次オイルショック→第四次中東戦争が発端
		3月 変動相場制に移行　1ドル260円／ディスカバージャパン
1974年	**昭和49年（5歳）**	佐藤栄作元首相ノーベル平和賞受賞／ウォーターゲート事件
1975年	**昭和50年（6歳）**	4月 ベトナム戦争終結　5月 沖縄海洋博開催（～1976）
1976年	**昭和51年（7歳）**	2月 ロッキード事件　7月 田中角栄首相逮捕
1977年	**昭和52年（8歳）**	有珠山噴火／1ドル240円／
		開成高校生父親に殺害される（家庭内暴力）
1978年	**昭和53年（9歳）**	第二次オイルショック
		5月 成田空港開港　8月 日中平和友好条約を締結
1979年	**昭和54年（10歳）**	1月 早稲田学院生祖母殺し　3月 スリーマイル島原発事故
1980年	**昭和55年（11歳）**	ソ連軍アフガニスタンに侵攻／モスクワ・オリンピック不参加
1981年	**昭和56年（12歳）**	校内暴力での検挙数1万人を超える（史上最高）
1982年	**昭和57年（13歳）**	内外で反核・平和の世論が急速に拡大
		東大名誉教授惨殺事件（家庭内殺人）
1983年	**昭和58年（14歳）**	4月 東京ディズニーランド開園
		7月 ファミリーコンピューター発売
1984年	**昭和59年（15歳）**	1万円（福澤諭吉） 5千円（新渡戸稲造） 千円（夏目漱石） 新札発行
		日本の平均寿命が男女とも世界一に
1985年	**昭和60年（16歳）**	3月 つくば万博開催（～9月）
		8月12日 日本航空123便墜落事故 →史上最大の航空機事故
1986年	**昭和61年（17歳）**	4月 チェルノブイリ原発事故（ソ連）
1987年	**昭和62年（18歳）**	大韓航空機爆破事件が起こる
1988年	**昭和63年（19歳）**	リクルート事件（政財界の贈収賄事件）
		3月 青函トンネル開通　4月 瀬戸大橋開通
1989年	**昭和64年（20歳）**	1月7日 昭和天皇崩御
1989年	**平成元年（20歳）**	上皇 1月8日 平成に改元
		4月1日 消費税開始（3%）
		11月10日 ベルリンの壁が壊される
		12月2日 マルタ会談→東西冷戦終結
1990年	**平成2年（21歳）**	10月3日 東西ドイツ統一

昭和48年　■ブルース・リー主演の映画「燃えよドラゴン」公開。ブルース・リー大旋風が起こるも死去

まあ、そんな背景とともに我々の【時代】が始まる。つまり、管理されていないことは全部「アリ」という自由さだ。

今、親になったり上司になったりしている私たちは、時々その時代のことを「古き良き時代」と言ってみたりする。同じ言葉を、もしかすると、いつの時代の人も使ってきたかもしれないが、のんびり【豊か】を信じて生きたあの80年代（十歳〜二十歳）は、私たちにとって、（善し悪しはともかく）本当に「良き時代」であった。もっといえば、「何も考えていなかった時代」だった。あ、「考えていない」ではなく「悩んでいない」かも。もちろん一部の人を除くことになると思うけれど、それでも、思い当たることがあるでしょう？あの頃、本当に何も考えなくても、なんとなく生きていられた。「それなりに」楽しかった。

そしてバブルがやってきて、バブルが弾ける。

面白いのが、今回のアンケートで《バブル後どんな影響を受けたか？》という質問に、大半の人が「あまり変わらない」「受けてない」と答えている。就職難に苦戦したのはもう少し下の世代だったし、給与の大打撃などを受けたのはもう少し上の世代だった。

「いい時代だった」十代は、私たちの努力ではなく、たまたまだったのである。

昭和四十四年から五十年頃まで——幼稚園卒が多かった時代

今回のアンケート（＊どんな質問項目があったかは、第3章を見てほしい）の結果には、いくつか偏りが見えたことがおもしろかった。その一つが【幼稚園卒がほとんど】ということ。

今は働くお母さんが増え、保育園の待機児童問題や保育所・保育士不足なども起きている。共働きがあたり前となったため「子どもが生まれたら、預けて仕事に」ということが、特別なことではなくなってきた。

けれど、私たちの時代には、子どもを預けて母親が働きに出るという家庭はごくまれだった。働いているお母さんはいたけれど、保育園そのものが少なかったため、大半の子どもは、幼稚園に通っていた。かわいらしいベレー帽をかぶり、【スモック】という服をまとって、肩掛けの園バッグ。

私は東京出身者なので、このスタイルが一般的だと思っているが、地方の幼稚園児はどうだったのだろう？ 前述したように、社会が管理教育をしていたのだから、きっと地域での差はほとんどなかったのではないだろうか。

きっと誰もが「まええ～ならえ！」と言われれば小さい頃からきちんと整列をしただろうし、隣の席の子と同じようなアルミ製のお弁当箱を持って楽しい幼児期をすごしたのであろう。最前列の子は、手を腰に当てるだけでうらやましいなあ、と前から三番目以降の子どもたちは思い、最前列エントリー組はいつ自分が一番前になって「手を腰に」の位置につくのかを複雑な心境で待っていたのではないだろうか。

昭和48年 ■ヒット商品「オセロゲーム」「ごきぶりホイホイ」「くれ竹筆ぺん」

昭和五十年頃の東京。ぼくの家に鍵はかかっていなかった

Leo Komazawa（ミュージシャン）

昨夜眠りに落ちる寸前、もうろうとした意識の中で、僕は子どもに戻って、昔の家の周りを歩き回っていました。そこは東京二十三区のはずれにあったけれど、家の周りには大きな樹がまだたくさん生えていて、久しぶりに近所の○○さんの家の大木に登って、てっぺんからまだできて間もない新宿の高層ビルを眺めました。

あいかわらず僕の家の門の扉は締まりが悪いのか空きっぱなし、周りの家々はまだ木戸がたくさんあったりして、そのどれにも鍵がかかっていないことも僕は知っています。だから、いつものように近所の家の庭も駐車場も私道も塀の上もつかって遊ぶことができました。何の変哲もない普通の町です。

道で遊んでいたら、おそば屋さんの出前のおじさんが通りかかって、いつものように懐かしい笑顔で挨拶してくれました。

馴染みの商店も覗いてみたくなり、夢の中で僕は、足をのばしてみます。文房具屋さん、駄菓子屋さん、小鳥のえさを買いに行っていた日用品屋さん、銭湯、お米屋さん……商店街はすべて個人商店で彩られ、当たり前だった町並みは、とても魅力的で、目が覚めたあとも生々しい実感に驚かされました。

携帯やパソコンは影も形もなかった四十年前の地元の情景です。

情報をあまり持っていなかったということは、ある意味で財産だったような気もします。

知りたい情報があれば、自分の足で見つけにいかなければならない。でもそこで見つけた情報は、自分の体験的そのものなので、感じる力はネット検索機能のそれとは比べものになりません。

四十年ぶりに、生まれ育った街へ突然タイムスリップして行ってみたら、その空気は暖かく僕を包み、とても居心地が良かった。昔を懐かしむ感傷的な感情を差し引いたとしても、人々の中に流れている有機的なつながりの空気感は、ただそれだけで、僕に幸福感と希望を与えてくれていたのだと感じます。実家はまだ同じ場所にあるのですが、昨日、夢で観てきたほとんどの物が、残念ながら今はもうありません。あの空気はもう流れていないのです。いまの生活は圧倒的に便利になった分、無機質、無臭になってしまって、それが人の関係にも当てはまる気がします。

あの時自然に吸収していた空気が、その先に生きて行く世界に想像力と希望を与えてくれていたとしたら、これからそれなしにその道を歩く人たちは、何をもってどうなるのでしょう。

昔に戻ることが理想ではありませんが、知らず知らずになくしてきていることを回復するには、自分自身の過去の時間を財産と考えることしかありません。

夜は夜らしく暗くあっていい。

夜の闇に想像する喜びまで、失って欲しくないのです。

昭和49年 ■「宇宙戦艦ヤマト」第一作放映。サンリオのキャラクター「ハローキティ」が誕生

これが昭和のステレオタイプ？ ＠東京都下

核家族化のピークは終わっていた

わが家は祖父母と同居で、弟と妹を含めた七人家族だったが、その頃「子どもが三人」は、比較的めずらしかった。

「核家族」は昭和三十年代に急増し、昭和五十（１９７５）年に64％と頂点に達した。１９５０年代に公団住宅の建設が進み、「憧れの団地へ」と核家族が旧家から団地へ移り住み始めたが、１９７５年をピークに核家族化は「夫婦のみ」「ひとり親家庭」など、少しずつ様変わりしているように思う。

私の地域ではほとんどの友人家族が一軒家に住んでいた。「団地」「マンション」「アパート」という住宅より、一軒家の人が多かった。お父さん・お母さん・きょうだいが二人、これが当時の一般的な家族構成で、祖父母と同居というケースもまああああった。

アンケート結果を見ると……

《きょうだいは何人？》

二人　59％　三人　33％　四人　4％　一人　4％

過半数以上は二人きょうだいという結果になっている。

昭和五十年代以降、私の住んでいた地域に大きなマンションがニョキニョキ建てられ始めたが、そこに移り住む世代が新しい家庭を築くのは、もう少し後になってからだったのだろう。

　私が思い描く当事の東京都下の一般的な家庭のイメージは、

●二階建て、ベランダと縁側がある木造住宅。
●きょうだい二人とお父さんお母さん、おじいちゃんかおばあちゃん（両方いるケースは意外と少なかった気がする）。
●おじいちゃん・おばあちゃんは、一階の一室に住んでいる。
●庭にはシュロの木があり、犬か猫かインコか魚を飼っている。
●お父さんはサラリーマン、お母さんは専業主婦。

そんな感じ。

シュロの木

　昭和の東京の一部地域の一軒家には、どういうわけか多くの庭に「シュロの木」があった。「シュロの木」というのは、幹にモワモワした毛が生えていて、葉がパイナップルのように広がり一見ヤシの木みたいな背の高い木。ヤシ科の木なので当然ヤシの木みたいな形をしているのだが、この木はどうやら寒さに比較的強いらしく、日本では東北地方辺りまで生息しているらしい。

　で、このシュロの木が東京の一部の家屋の庭に植えられたのは、一体なぜなのか？

　「昭和の家の特徴」について祖母に聞いた話だと、当時（大正時代か？）洋館をモチーフにした家は大

昭和49年　■巨人の長嶋茂雄選手、サッカーのペレ、人気の競走馬ハイセイコーが引退

抵、玄関に入って左側に【西洋風応接間】があり、窓には飾り格子、そして庭にシュロの木があるものだったそうだ。なるほど、そういえばわが家はまさにそうで、洋館ではなくても、近所の家の庭には必ずと言ってもいいほど、一本ひょろっとシュロの木があった。

いろんな説があるようだが、かつて井戸水があまり清潔ではなかった時代に、このシュロの木の毛を使って濾過していたため、水を浄化させるためには、シュロの木が必要で、どの家庭でも植えたのだとか。また別の説では、背が高くてっぺんに葉が広がるシュロが日陰を作る役割をしていたとか、毛の部分は濾過のためだけではなく、ホウキや縄を作るために使われたとか、また、「幸せを呼ぶ木」とされていたという説もあり、確かな答えはよくわからず。しかし、地方で庭先のシュロの木をあまり見たことがないので、このシュロの木説も東京の一角だけでの流行りかもしれない。

最近の家には見られないため、ふとシュロの木を見かけると、ついその昭和の家屋を見て、今はなき、あの懐かしい実家を思い出してしまう。

板張りのベランダは日向ぼっこやおままごとの場

ベランダがある家が一般的だと前述したが、「バルコニー」と呼べるようなオシャレなものがあったわけではない。いわゆる「物干し場」のことを「ベランダ」と言う。一階の屋根に無理矢理後付けで作ったようなものが多く見られるが、うちのベランダは二階にしっかり建てられていた。屋根はなく、板張りの

「ベランダ」には、ところどころサクレがあり、ちょっとした柵があるが、それを越えれば簡単に落ちてしまうような簡易な作り（のように見える）になっていた。子どもが遊び場にするにはちょっと危険な場所だったが、そんな危険な場所で遊びたいのが子ども心（笑）。私はこのベランダにお気に入りの人形を持って遊んだり、柱を伝って、屋根に登るのも好きだった。

当時の屋根のほとんどは瓦屋根で、登ったことがある人はわかると思うが（！）、裸足で歩くと、夏場は火傷するくらい熱い！　そして滑る！　ちょっと古くなっている瓦は、勢いよく走ったり暴れたりすると瓦がズッズズッズ〜〜〜とずれてきて、大惨事を巻き起こす。

※危険ですから良い子は絶対に真似しないでください！

今は瓦屋根自体があまりないから、そんなことをする機会はないんだろうけれど、昔は親から「危ないからしちゃダメ！」と言われたことをできる環境がたくさんあった（笑）。絶対しちゃダメと言われることを、たいていの子どもはして、そして本当に恐ろしい思いをして、そして学ぶ。心の底から「これは、絶対にしないようにしよう」と自分自身で悟るまで、何度もそれを繰り返す（笑）。私たちの一般的な学習方法だ。

私は、シャボン玉を持って屋根に登り、歩いている人が、天から降ってくるシャボン玉に気づいて「あっ！　シャボン玉だ！」と声に出してくれることが嬉しくて、下から見つからないようによくシャボン玉を

昭和49年　■超能力ブーム。超合金ロボ（マジンガーZ）、モンチッチ、幸福行きの切符流行る

していた。

シャボン玉が見えれば、親は「またやってる！」とわかるので、それですぐにバレてしまうのだが、叱られてやめるくらいなら最初からやらない(笑)。昭和の子どもはいろいろ懲りないのだ。

一度、「このまま空を飛べないかな」と思ったことがあり、手を広げて庭に向かって飛ぼうとしたこともある。まあ飛んでいたら今ここにいないので、そこは私にもかろうじて理性というものがあったようだ。

たぶん再放送だった「さるとびエッちゃん」

保育園時代に大好きだったアニメが「さるとびエッちゃん」。彼女が軽やかに屋根を飛び歩いている姿は、空を飛びたい私にとって憧れの存在だった。おかしなおかしなおかしな女の子エッちゃん、自称猿飛佐助の子孫だというスーパー小学生のコメディなのに、なぜか悲しくなってくるようなテーマソングだった記憶がある。

しかし、今になって情報を探ってみると、どうもその辺の記憶が怪しい。「さるとびエッちゃん」が放映していたのは、昭和四十六年から四十七年。となると、当時の私は二歳か三歳のはずで、ゼロ歳から保育園児だった私が、その時間にアニメを見られたはずもなく、また二歳の記憶がそんなに鮮明なわけがない。

さらに調べてみると、「さるとびエッちゃん」は「魔法使いサリー」、「ひみつのアッコちゃん」、「魔法のマコちゃん」という東映魔女っ子シリーズの後番組に当たるという。エッちゃんがアッコちゃんの妹分で魔女だったことも驚きだが、なんとサリーちゃんやアッコちゃんが放映されていたのは、私が生まれるもっと前のことだったのだ！　ということは！　私の記憶にある「よく見ていたアニメ」たちのほとんどが〈再放送〉だったらしい。オバＱのテーマソングを歌うと「それ、新しい方のオバＱだね」と先輩に言われたことが、そういえばあった。私たちが知ってるテーマソングは「あのねキュ〜太郎はね〜」という新オバＱ。先輩が歌うオバＱは「キューッキューッキュ！　おっばけ〜のキュ！」でこちらが元祖だ。

そういえば、当時の子ども向けアニメは、学校から帰ってくる夕方に放映していたのだけれど、それらは全て再放送だったから夕方に放送していただけで、リアルタイムのアニメはきっとゴールデンタイムに放映されていたのだ。テレビっ子世代の我々がゴールデンタイムにチャンネル権を取れるのはせいぜい日曜日くらいで、そのピンポイントに放映していた「世界名作劇場」だけはきっとリアルタイムに観ていたのだろうと想像する。その他は「どうせまた再放送するからいいや」という意気込みだったように今思う（誰の意気込みだ？）。

日曜日のゴールデン夜七時半（好きだったテレビ番組は？↓アンケートから）

ちょっと雑談になってしまうけれど、この「世界名作劇場」の記憶もまた曖昧で「世界名作劇場」だったのか「カルピスこども劇場」だったのか……同級生に聞いてもはっきりしない。

スポンサーが違ったのか？　チャンネルが違った似た番組だったのか？　ウィキペディアさんに聞いてみた！　すると、意外な事実が発覚！（出典ウィキペディア）

昭和50年　■テレビアニメ「まんが日本昔ばなし」、特撮番組スーパー戦隊シリーズが放送開始

【カルピスまんが劇場】　１９６９〜１９７４年
どろろと百鬼丸・ムーミン・アンデルセン物語・ムーミン（新）・山ねずみロッキーチャック・
アルプスの少女ハイジ
【カルピスこども劇場】　１９７５〜１９７７年
フランダースの犬・母をたずねて三千里・あらいぐまラスカル
【カルピスファミリー劇場】　１９７８年
ペリーヌ物語
【世界名作劇場】　１９７９〜１９８４年
赤毛のアン・トム・ソーヤーの冒険・ふしぎな島のフローネ・南の虹のルーシー・わたしのアンネット・
牧場の少女カトリ
【ハウス食品世界名作劇場】　１９８５〜１９９４年
小公女セーラ・愛少女ポリアンナ物語・愛の若草物語・小公子セディ・ピーターパンの冒険・
私のあしながおじさん・トラップ一家物語・大草原の小さな天使　ブッシュベイビー・
若草物語　ナンとジョー先生……

と、まあ、この先また「世界名作劇場」に戻って１９９７年まで続く。この辺りはもう大人になっているので名作劇場を観ることはなかったと思うが、その後１９９７〜２００６年まで放送が中断され、BSフジで２００７年に再映されることとなる。この辺の名称の違いはもちろんスポンサーによるものと想像できる。

《好きだったテレビ番組は？》

1位「8時だヨ！全員集合」

2位「ザ・ベストテン」などの歌番組

3位「オレたちひょうきん族」

続いて、カックラキン大放送、欽ドン！・欽どこシリーズ、宇宙戦艦ヤマト、カルピス劇場などのアニメ、ルパン三世、その他、ビートたけしのテレビシリーズや「できるかな」などの教育番組も多かった。

他、回答された番組←

プロレス、北斗の拳、うる星やつら、あしたのジョー、銀河鉄道999、サザエさん、アルプスの少女ハイジ、あしたのジョー、エースをねらえ！、タイムボカンシリーズ、クイズダービー、クイズ100人に聞きました、ゴレンジャー、ウルトラマンシリーズ、カリキュラマシーン、世界の料理ショー、金曜日の11PM、白バイ野郎ジョン&パンチ、バイオニック・ジェミー、真田太平記、水戸黄門、江戸を斬る、太陽にほえろ！、大草原の小さな家、夕日が丘の総理大臣、大映の臭いドラマ、ムー一族、寺内貫太郎一家、池中玄太80キロ、西遊記、熱中時代、山田太一脚本のドラマ、男たちの旅路、親と一緒に相撲、マラソン、駅伝もよく観ていた。など。

アンケート結果からわかるように、私たちにとって「テレビ番組の代表作」といえば、**日曜日の劇場シリーズ**と、「**8時だヨ！ 全員集合**」と「**オレたちひょうきん族**」に尽きる。大げさに言ってみれば、この三作で育ったと言っても過言ではない。後者の二つは、大人が見せたくない番組、前者は大人が積極的に見せたかった番組かもしれない。

大人が見せたいと思ったり思わなかったりしても、それらを吸収して私たちは育ち、糧とし、それぞれの人生を作っている。親になって今ふと思うのは、「大人の心配」なんて、子どもは勝手に超えていくものなんだなあ、ということ。子どもたちに伝えなければいけないのは、何の番組はいいとか悪いとか（今でいえば、ゲームやスマホ、インターネットの使い方かな？）ではなく、もっと大きな守るべき「環境」なんじゃないか、ということ。

私たちが生きた昭和は、その「環境」を大人がしっかり守ってくれていたように思う。だから、今私たちはこうして健やかなのではないだろうか、なんて。これは非常に個人的な雑談だけれど。

女子は「魔女っ子」男子は「戦隊ヒーロー」が鉄板

ついでなので、もう一つテレビの話題を。

前述した「東映魔女っ子シリーズ」は、私たち女子（かつての女子！）にとっては、ピンク・レディーやキャンディーズと並ぶくらいに大きな存在だった。今の子たちもきっと例外ではなく（プリキュアやどれみちゃんなど）、時代に関係なく男子は戦隊ヒーローものに、女子は魔女っ子に夢中になる時期がある。

「東映魔女っ子シリーズ」が始まったのが生まれる前だった事実と、このシリーズリストは、ぜひ我々の歴史のために保存しておきたいので、メモしておこうと思う。（公式『魔女っ子コレクション』に含まれず、正式なシリーズではないとされるものも含まれます）

「魔法使いサリー」　放送期間1966年12月5日〜1968年12月30日
「ひみつのアッコちゃん」　放送期間1969年1月6日〜1970年10月26日
「魔法のマコちゃん」　放送期間1970年11月2日〜1971年9月27日
「さるとびエッちゃん」　放送期間1971年10月4日〜1972年3月27日
「魔法使いチャッピー」　放送期間1972年4月3日〜1972年12月25日
「ミラクル少女リミットちゃん」　放送期間1973年10月1日〜1974年3月25日
「キューティーハニー」　放送期間1973年10月13日〜1974年3月30日
「魔女っ子メグちゃん」　放送期間1974年4月1日〜1975年9月29日
「魔女っ子チックル」　放送期間1978年3月6日〜1979年1月29日
「花の子ルンルン」　放送期間1979年2月9日〜1980年2月8日
「魔法少女ララベル」　放送期間1980年2月15日〜1981年2月27日

まったく関係ないが最近の若い女子が自分のことを「うち」と言うのは、おジャ魔女どれみちゃんに関西系のキャラクターが登場し、その女の子が自分のことを「うち」と言うので、当時ちびっこだった今の女子高生などが真似して言うようになったらしい。

保育園生活と魔女っ子メグちゃん

ところで魔女っ子シリーズで思い出したのだが、保育園の頃、絵を描くのがとても上手なミホちゃんという女の子がいて、「魔女っ子メグちゃん」の絵を画用紙によく描いていた。魔女っ子メグちゃんの髪型は、今見てもエキセントリックで、ブルーのストレートヘアの「ノン」とともに、四歳児の私の心を打った。大きな目の中のキラキラや、くねくねしたカールは、当時の真っ黒ストレートヘアでしかない少女には、憧れそのものだった。ましてや魔法が使えるなんて！

ノンの青い髪にときめいて、当時流行ったぬりえで、いろんな女の子の髪を緑やら紫やらあらゆる色に塗ってみたところ、それがやたらイケていたことを思い出す。

それにしても、ノンの頭についていた◇型のネックレスのようなものは、一体どうやって頭に固定されていたのだろう……。

女性の社会進出とともに生まれた【保育園】

北山 純子（主婦）

保育園第一期生！ときどきお迎え忘れられていました

母がバリバリのフルタイム勤務だったので、私は保育園児だった。商店街が多い地区で育ったためか、当時共稼ぎの親といえば、自営業がほとんどだった中、母親が都内勤務している家庭は東京でもまだめずらしかった。12月生まれの私は、生後三ヶ月で【社会デビュー】する。地元に保育園というものがなかったため、電車で五駅離れた「中野」の保育園まで通っていたらしい。

夕方というには遅すぎる時間にゼロ歳児の私を連れて、父が電車に乗っていると、周囲からは怪訝そうな顔で見られる。当たり前だが当時のオムツは全部布オムツ。水分をたっぷり吸い込んだオムツと私を抱え、雨の日などは、冷房などないむうっとした車内で暑さと臭いが充満し、どうしようもなかったと父が言う。また、そんな時に限って、私はワァワァと車内で泣き出す。仕方がないので次の駅で降り、当分来ない電車を待って、また乗る。なんとか私をなだめながらやっと家に着く頃には、腕の感覚が完全に麻痺していたと、そんな話を何度となく聞いた。

また保育園時代、私はたまに「忘れられた」らしい（笑）。携帯電話はもとより、固定電話でさえ頻繁に使っていなかった当時、父と母のどちらもが「今日は相方がお迎えの番」と勘違いし、二人共が帰宅して、「あれ？ 純子は？」と互いに言い合って顔面蒼白したとか。大慌てで保育園に行くと、真っ暗になった園

昭和51年 ■人気番組「欽ちゃんのどこまでやるの」

の玄関に、園バッグを下げてちょこんと座っている我が子がいて、思わず胸が痛んだ、と母が言っていた。そんな話、私も自分が不憫で涙が出てくる。

昭和四十五年で一歳になった私は、地元（東京都武蔵野市）で三番目に作られた保育園に入園する。保育園の誕生は、商店街で成り立つ私たちの町にとって歴史的な出来事だったと思う。昭和四十年代、女性の社会進出を支えてくれた一つが、保育園という存在だった。

地元の保育園児になってからは、遅くなってもお迎えが大分楽になり、祖父母も送り迎えに協力してくれたが、「嫁が働いている」という事実だけでも目くじらを立てられていたであろう時代に、明治生まれの姑の協力を仰ぐのは、相当なことだっただろうと、あらためて思う。

〔ママカースト〕ってなに？

ゼロ歳からそうして保育園で育った私の子どもたちも保育園育ちである。昔と違って今は「幼稚園はお金持ちの家の子どもが行くところ」「お母さんが働かないといけない事情のある子どもが行くところ」というようなレッテルはなくなっていると思う。と、思っていたのだが、私の長女が小学校に入学した時、こんなことがあった。

同じクラスになったお母さんがにこやかに話しかけてきてくれた。どうやら「クラスの皆さんと積極的に親睦を深めたい」方のようで、あちこちのお母さんに声をかけてはすぐに友だちになっている。ずいぶん経ってから知ったのだが、親の間にも、リーダー的存在になる母親がクラスを牛耳る「ママカースト」と言うものがあるらしい。

「こんにちは〜、●●ちゃん（長女の名前）はどちらの幼稚園だったんですか？」

ママカースト予備軍のお母さんが、感じよく声をかけてきてくれた。

「あっ、こんにちは。いえ、うちは保育園なんです。△△保育園だったんですよ」

私も負けないくらいのにこやかな笑顔で応対した。

「あっ、（間）保育園……なんですね〜。ほほほほほ。そうなんですね〜。では〜」

さっきよりだいぶ引きつった表情で、そのお母さんは、その場を立ち去った。

……いや、立ち去るな——！

「保育園卒の子どもは粗野で平気で乱暴をする。親も見ている時間がないので躾がなっていない」

これまた後から聞いた話だったが、どうやら当時（平成二十年頃）そのような常識が幼稚園ママたちにあったらしい。と聞いて絶句した。

確かに、保育園では常に裸足で生活する（すべると危ない）ため、小学校に入ったばかりの保育園卒児は、すぐに上履きを脱いで裸足になってしまう、と聞いたことがある。それに、整列にはあまり馴染みがないためか、その行為が「粗野」と言えばそうなのかもしれない。その半面で、冬でも裸足で生活しているから、体力的にとても強いと聞いたこともある。一長一短・三種三様！自分の子どもですら、三人いれば三様にまったく違う人格なのに！

とすっかり感情的になったが、保育園という差別（？）を、卒園して三十年も経ってから感じたなか

昭和51年　■中国共産党の主席毛沢東が死去。中華人民共和国で唐山地震。24万人以上の犠牲（二十世紀最大被害の地震）

なか貴重な出来事だった。

そして、そんなふうに過剰に感じる私（親子二代で保育園っ子）は、「保育園」という初めての社会の場が、人生における大事な存在、言うならば私たちのアイデンティティであったと認めざるを得ない。

「人生のすべては保育園の砂場で教わった」のかどうかはわからないがとにかくそこは私の「社会」

保育園は、私の「社会」デビューの場である。ゼロ歳児時代は、さぞ優秀な子どもだったに違いない。前述したとおり、忘れられてもじっと親を待っているけなげな子どもだった。

その後、地元の保育園に転園し、私にとっての『保育園』という記憶はその場所になるのだが、どうしても最初に浮かぶのは、あの黒い門。保育園での日課は、毎朝しばらく門にかじりつき、もうとっくに姿を消した母親の残り香を感じることだった。

泣いていた記憶はないが、きっと泣いていたのだろう。ぐっと涙をこらえて気持ちを切り替える瞬間を我が子ももれなく体験したと思うと、胸が張り裂けそうだ。

しかし、子どもはたくましい。

年中さんくらいになれば、「先輩風」を吹かせ、下の子たちの部屋を巡回して、様子はどうか見回ったり、当時はまだ公園にも必ず設置されていたわけでもないブランコに跨り、許す限り一日中ブランコを占領してキューティハニーの歌をうたったりしていた。次の子に替わらなければいけないのに、ブランコをこぎながら大声で歌をうたうと心が晴れやかになるので、私はしらんぷりで人の迷惑より自分のメンタルバランスを重視し、そこでストレスを発散していた。先ほど「差別」などと書いてみたが、保育園児のたくましさは、確かにそんな環境で育ったのかもしれない。

保育園での懐かしい遊びといえば、クレヨン遊び。いろいろなカラーの絵の具やクレヨンで下地を作り、その上に真っ黒のクレヨンを塗りたくる。上から楊枝でなぞると、綺麗な色が下から現れるというミラクルが大好きだった。

お昼寝の時間が大嫌いで、隣の布団に潜りに行ったりしてよく叱られた。冬場、マスクを着けて行ったら、男子がそれをブラジャーにみたててふざけ、マスクを貸した私も同罪として「おやつ抜き！」と叱られて廊下に立たされた。今では社会問題になってしまうのかもしれないけれど、保育園の先生はちゃんと怖かった(笑)。お母さん代わりと呼ぶにふさわしい程度にきちんと叱ってくれたし、とても優しかった。

みんなが帰った後もお迎えが来ない日は、先生がこっそり棚の上に置いてある大きくて丸い缶からビスケットを出してくれた。マイペースでいたずらばかりする私を大きな笑顔で包んでくれていた保育園が、私の最初の社会で、最初の居場所だったように思う。三つ子の魂百までというけれど、幼児のときの環境が人を作っていくのだということは、非常ないし非情に感じるところだ。

よくぞ叱ってくれました、保育園の先生方！

当時の保育園の先生は、いたずらがすぎると手が出ることもあった。「○○先生が怒る」という表現を先生によって使い分け、「ハチが指す○○先生」「雷が落ちるのは○○先生」などと言って笑っていたのだ

昭和51年　■郵便料金値上げ、はがき20円・封書50円。学校給食に米飯が導入される。鹿児島で日本初の五つ子出産

から、叱られている側もそれを「暴力」だなどとは微塵にも思っていなかった。飴と鞭の使い方をよくわかっていたのだと思える。

五十年近く経った今も、お世話になった先生と私は連絡を取り合っている。おばあさんになった先生とLINEで会話をしているのだが、トークの中にいる私はいつも先生にとって「小さな少女」のままで、先生と話していると、三歳から人はほとんど変わらないのかもしれないなと思ったりする。

保育園育ちの私の長女も、担任の先生を懐かしみ、会いたいなあと言うけれど、コンプライアンスや個人情報が厳しい今は、先生の連絡先をうかつに訊くこともできない。寂しい時代だ。

言い方を間違っていたら申し訳ないけれど、つめたい笑顔と熱いビンタ、どちらが心に響くのだろう。

忘れもしない幼い（にがい）初恋の思い出

そういえば、保育園の時好きだったカツヒコくんはどうしているかな。

初めてカツヒコくんの家に遊びに行った時のことを今も鮮明に思い出す。忘れもしない、彼の家のそばの公園が菜の花でいっぱいだったこと。二人でその中をかけ巡り、私は喜びで舞い上がっていたこと。緊張でトイレをがまんしていたのだけれど恥ずかしくて言えなかったこと。ゆえに、カツヒコ君の前で失禁したこと。着替えがないのでカツヒコくんのぞうさんの絵がついたブリーフを借りて履いたこと……。その恥ずかしさは人生最大であったこと！　ああ、今も忘れることはない。私がブリーフを履いた経験も、生涯一度きり、あのぞうさんの絵柄すら、今も鮮明に思い出せる。

今の子どもはしないんだろうな、ブロック塀の「塀つたい」

子どものころ、よく塀つたいに隣の家からその隣の家へ探検していた。「塀つたい」とは、ブロック塀の上を野良猫がそうしているように、歩くことである。うちの近所の子たちはしょっちゅうそうして不法侵入をしていた。犬を飼っている大きな庭があるお屋敷の塀に来ると、コッカスパニエルという見たこともないような洋物の犬がワンワン吠え立てて襲ってくる。こちらは塀の上なので、平然とその犬を見下し、隣の家の塀へと移動する。

昔の家には「裏」という場所があちこちにあり、庭でもなければ、なんのための場所かわからない隠れ処のようなほんの数十センチ四方の隙間をどこにでも見つけられた。かくれんぼをするのには絶好な場所で、大人が留守の時に、そこで「焚き火しよう」などと新聞紙を燃やして遊んだりしていた。あの頃は、「今じゃ考えられない遊び」をみんなたくさん持っていた。よく火事になったり泥棒扱いで訴えられたりしなかったもんだ。

しかし、多分あの頃の大人は、子どもが何をしているか関心を持てるような余裕はなかったのだろう。休みの日に親と遊ぶなんて年に何回あるかないか？　というようなものだったし、子ども同士遊ぶにしても「道具」はそのへんに落ちているものをどう「遊び道具」に変身させるか、だった。石でも、空き缶でも、それはオモチャになり得た。虫を残酷に殺して遊びの道具に使ったり、進入禁止と書かれた池で勝手にタニシやオタマジャクシを獲って持ち帰ったりしていた。

昭和52年　■アップルコンピュータが設立される。同年Apple IIを発表

地域に伝わる昔遊びを経験した最後の世代か？

「ポコペン」という遊びを知っているだろうか？　缶蹴りにルールは似ているが、缶は使わない。鬼の背中をみんなでつついて「ポコペンポコペンだ〜れがつっつきましたかな、ポ〜コペン！」と言って、最後につついた人を鬼が当てると、その人が鬼になり、今度はかくれんぼが始まる遊び。私はこれは私の地元ならではの遊びだと思っていたが、大人になってから全然別の地域でも似たようなルール（ちょっとローカルルールがある）で「ポコペン」をしていたという話を聞いて驚いたことがあった。あの頃の子どもたちは、誰から教わる訳でもなく、遊びが自然発生的に生まれた。そしてどうやって伝わっていくのか、同じ世代の私たちは皆同じような遊び方をしていた。

今、公園やコミュニティセンターのロビーなどで小学生たちが集まり、ゲームを持ってだまってそれを動かしている姿を見ると、どうしても「あの頃」を思い出してしまう。

今の子どもたちはとても正しく躾けられていて、私たちよりずっと賢くて、社会のルールをきちんと守って生きている。何が悪いことかを教えられているし、悪いことをしないことが良いことだと知っている。

でも、そうなのだろうか。

あの「とんでもない悪さ」をしたあの頃が、やはり少々懐かしい。

（注）「ポコペン」は実は明治時代からあった遊びらしく、元は中国語で「役立たず」「お話にならない」という意味、日本兵が中国人を侮蔑する言葉だったそうです。子どもの遊びにこの俗語を使うようになった理由は不明。

永井豪と書いて「トラウマ」と読む

人生最初のエロとバイオレンス

永井豪。昭和四十四年生まれにとって、この存在の偉大さは計り知れないだろう。言わずと知れたマンガ界の巨匠である。代表作に「マジンガーZ」「デビルマン」「キューティーハニー」「バイオレンスジャック」「ハレンチ学園」「けっこう仮面」などなど。聞いたことのない作品などないのではないか。そう、「永井豪」は間違いなく僕らの通過儀礼であったのだ。

永井作品の偉大さは、一度見たら忘れられない個性的なタッチもさることながら、SF、バイオレンス、ホラー、ギャグそしてエロまで、ジャンルを軽やかに飛び超え、縦横無尽に唯一無二の世界観を生み出しているところにある。「ハレンチ学園」や「けっこう仮面」（頭隠して体隠さず！笑）なんて、読んでいるところを絶対に親にばれたくない作品だったし、そもそも大好きだった「マジンガーZ」と「キューティーハニー」の作者が同じということにも驚かされたものである。

そして「デビルマン」も、アニメは勧善懲悪のヒーロー物として素晴らしいものだが、原作マンガは嘘のように残酷で恐ろしいのだ。デビルマンは裂けた口に下半身がまるで獣のような毛むくじゃら。主人公の恋人・美樹ちゃんの首はかき切られ、無惨に地面に転がる。物語の中盤で突然主人公が読者に向かって指を突きつけ、警告を語り出す演出には、心底震え上がり恐怖心を植え付けることに成功していた。

昭和52年　■平均寿命世界一になる（男72.69歳　女77.95歳）。スニーカー、デイパックが流行

読まなければよかった、発禁レベルの恐怖短編

そんな偉大な永井先生の作品の中でも、ひときわ恐ろしく、まさにトラウマとなった作品が「ススムちゃん大ショック」という短編である。

今回改めて調べてわかったのだが、発表が1971年。当時少年マガジンに掲載されたのだが、なにかと表現規制の厳しい昨今であれば、間違いなく物議を醸し出しそうな作品である。だが、のちに何度もコミックスで再録されており、現在でも入手することは可能だ。

たしか小学校三、四年生くらいだったたか、僕は「永井豪SF短編集」というコミックスをなぜか持っており(自分で買ったのか、従兄弟のお兄ちゃんからもらったのか不明)、その最後に収録されていたこの「ススムちゃん大ショック」を読んで、激しく後悔した。なにを?……読んでしまったことをだ。

ストーリーは、ある日大人たちが、子どもを「意味なく」殺し始める、という内容だ。いつもと変わりない、ごく普通の日常風景から物語は始まる。そして突然、公園で遊んでいた母親が、我が子を地面に叩き付け、警官が子どもを撃ち殺し、車で子どもをひき殺す。学校では教師が次々と殺戮を行い、阿鼻叫喚の地獄絵図。主人公のススムちゃんと、かろうじて逃げ延びた数人の友だちは、下水道の中でラジオのニュースに聞き耳を立てる。しかし、まるで殺戮のニュースなどやっていない。なぜなら、「ネズミやゴキブリを殺しても、ニュースになんてならない」からだ。

なんと、この日を境に、親と子の本能の糸、当たり前の絆が突然切れたのである。

「親子の絆という不確かな糸、子孫を残そうとする生存本能が何らかの理由で切れたのではないか」と

ススムちゃんの友だちが仮説を立てる。この不条理すぎる恐怖。そしてラストの救いようの無い凄まじいオチ。これを読んでからというもの、夜中に自分の親が突然自分を殺そうとしてきたらどうしよう、とマジ泣きしたのだった。

「ある日突然大人が子どもたちを殺し始める」という設定・描写は原作の「デビルマン」にも挿話として転用されている。

根源的な恐怖、根源的な不安を幼くして知る

お化けや宇宙人などが怖い、というのではなく、根底から、怖さの種類が違う。どこにも逃げられない怖さ。幼い頃、誰でも一度くらいあったであろう。夜独りで布団の中に入っていて、急に「自分という人間は死んだらどうなるんだろう?」「宇宙の先ってどうなってるんだろう?」と考えたことが。

そしてそのことを考えていると、次第にぼーっと気が遠くなるような、そしてどうすることもできないのだという無力感と、死によって「自分という意識」が無くなることへの絶望的な恐怖に包まれる。ときどきこうした答えの出ない想像を繰り返しては、涙で枕を濡らしたりしなかっただろうか。

それと似た恐怖感が、この作品にはあったのだ。ちなみに、この作品が発表された当時、子どもの名前ベストテンに「進」という名前が入っているというのも、着目すべきところだろう。

平成の現在、悲しいことに親が子を殺す、子が親を殺す、子が子を殺すという、あまりに陰惨でショッキングな事件が相次いでいる。そしてそのような事件に対しても「またか」という、恐ろしい慣れのよ

昭和52年 ■流行語「たたりじゃー(映画「八つ墓村」)」「ダメダ、こりゃ(いかりや長介のギャグ)」「天は我らを見放した(映画「八甲田山」)」

うな感覚すら私たちは持ち合わせてきているのではないだろうか。四十年以上前に、このような現代を予見したかに見える作品を描いていた永井先生の凄さに驚かされる。

この短編が「傑作」という誉れが高いのも頷けるのだ。

夕食の支度をしている台所の母親の後ろ姿が……

物語の終盤では、ススムちゃんは家に帰ると言い出す。ママが夕食を作って待っているからと。友だちが「殺されるから絶対に行くな」と引き止めても、ススムちゃんは「ママ」を信じるのだ。大好きなママが自分を殺すなんてありえないと。

「殺されてもいいよ」

「それでもボク、ママを信じたいんだ」

揺るがない決意に、最後は友だちも泣きながら、ススムちゃんを見送るのだった。

そして家にたどり着いたススムちゃん。

母親は、台所で夕食の支度をしている。トントントン、と包丁の音。

いつもの夕食前の変わらない風景。そしてこの母親の台所に立つ後ろ姿は、自分も含めありふれた、でも絶対的な安心感を抱かせる、あの頃の子どもたちの日常、原風景だったように思う。

小学校から帰宅すると、当時は夕方五時くらいからアニメの再放送が流れていた。「巨人の星」「侍ジャイアンツ」「ルパン三世」「ベルサイユのばら」「あしたのジョー」などなど。それを見ながら、台所で母親が夕食の支度をしているのを、無意識のうちに体で感じている。そしてそのとき思い出すのは母親の「後ろ姿」なのだ。帰宅したススムちゃんは、そのいつもと変わらない、にこやかな笑顔の母親の姿に涙を流しながら「ママー!」と叫んで抱きつこうとする。そして。

今子どもを持つ親として思う。果たして自分の子どもに見せられるか。読ませられるか。このあまりにもありふれた、子どもが無意識に安心できる情景に、これほどまでの恐怖をぶち込んだ、永井豪の想像力と創造力。

「ハレンチ学園」や「けっこう仮面」のように、当時その性描写が、PTAなどで問題視されていた記憶があるが、その何倍もの破壊力で、この「ススムちゃん大ショック」は自分の心の奥底にずっと四十年以上も残っていた。改めて、驚くべきことだと思う。

幼少期にこの作品を体験したことがはたしていいのかどうか、簡単には言えない気はするのだが、この作品を通じて「生きるということ」「死ぬということ」「親への愛情」「優しさ」「善悪」「信じること」「やっていいことと悪いこと」「痛み」「悲しみ」そしてもちろん「恐怖」など、実にさまざまな感情が、自分の中に沸き上がり渦巻いていたのはたしかなのだ。

「ススムちゃん大ショック」のラストシーンを、まだ見たことがない方は、ぜひその結末をご自身で感じてみてほしい。

昭和53年　■60階建の超高層ビル「サンシャイン60」が東京・池袋に開館、新東京国際空港(現成田国際空港)開港

投稿少年

年上の少女とスカートの中

思えば幼稚園の頃から絵を描くのが好きな子どもだった。紙と鉛筆でコママンガの体裁で描くようになったのも、小学一年生くらいからだ。B４の落書き帳を半分に折り、マンガを描いてホッチキスで留め単行本にしていた。「ドラえもん」のコミックスを親に買ってもらい、家の中のどこに居ても、常にそれを持ち歩いていた。表紙カバーが千切れるまで何十回も読み返していた。この頃の子どもにありがちな「将来の夢はマンガ家」だった。

自分の家の真向かいに住んでいたご家族の娘さんもまたマンガを描くのが好きな「マンガ家志望」であった。「彼女」は僕が小学三年生頃、おそらく中学一年生くらいだったと記憶している。セーラー服姿がとても大人っぽかった印象があったからだ。

「彼女」の家にはたくさんのマンガがあり、その頃僕も含め近所の子どもたちはしょっちゅう彼女の家に入り浸ってはマンガを読み耽っていた。とりわけ僕は僕自身もマンガ家を夢見ていたし、実際にマンガを描いたりしていたので、年上ではあるが「彼女」と仲が良かった。「彼女」の家では少年マンガだけでなく少女マンガ、アイドル雑誌などもあり、外で遊ぶのと同じくらい「彼女」の家でもよく遊んでいたように思う。

その日も「彼女」の家で友だち数人とマンガを読んでいた。今となっては恥ずかしながら、僕は他所様の家で寝転びながらマンガを読んでいたのである。両腕を天井に向けて突き出し、仰向けの状態でマンガを読んでいると、制服姿の「彼女」が僕の上を何気なく跨いで隣の部屋へ向かった。

その一瞬だった。「彼女」のスカートの「中身」が僕の目に飛び込んで来た。時間にしたら一秒もないその瞬間が、しばらく僕の脳内で延々とリピート再生された。「彼女」の不可侵領域を偶然にも覗いてしまったことに対する後ろめたさと、初めて感じる心臓の鼓動の早さ。それからの僕はしばらく、「彼女」の家では必ず仰向けに寝転んでマンガを読んでいた（笑）。

その後自分も中学生となり、本格的にペン入れをしたマンガを描くようになってからも、「彼女」に自分のマンガを見てもらい、手紙でアドバイスをもらった記憶がある。「彼女」自身その頃プロを目指していたかどうかは定かではないが、その手紙にはとても的確な「ダメ出し」と温かな「応援」のメッセージがしたためられていた。

そんな「彼女」の一家は、僕が大学生の頃引っ越してしまう。

「オタク」以前・外で遊び、マンガを描き、合間にベンキョウ

中学生のお兄さんだった従兄弟の影響で、小学生だった僕は、『少年サンデー』を読み始めた。もちろん、まだ毎週買えるようなお金もないので、もっぱら上に兄のいる友だちの家で読んだり、ズラリとバックナンバーの揃っている近所のコインランドリーを探したりしては、『少年サンデー』や『少年ジャンプ』といった王道の少年マンガ雑誌を読んでいた。

昭和53年 ■24時間テレビ「愛は地球を救う」放送開始

ジャンプでは『リングにかけろ』『ドーベルマン刑事』、サンデーでは『男組』『がんばれ元気』『まことちゃん』など、小学校高学年から一気にたくさんのジャンルのマンガを読み始めた。この頃からマンガ制作も本格的になり、墨汁にGペンやカブラペンでケント紙にコママンガを描くようになっていた。

とにかく暇さえあれば家でマンガを描いていたが、それでも近所の友だちや学校の友だちとはしょっちゅうサッカーやケイドロなど、外でも同じくらい夢中になって遊んでいた。今思えば毎日外で遊ぶかマンガを描いているか、その合間に宿題をやるくらいで、休む暇なくとても充実した日々を送っていたように思う。

中学は私立に進学したのだが、男子校ということもあり気楽で楽しい学校生活であった。同じクラスにいたH君は僕と同じくマンガ好きで、彼自身もマンガを描いていたため、ものすごい勢いで意気投合。この出会いから一気に「マンガ」にのめり込んでゆく。

授業中も含め常にノートに一人連載（笑）のマンガを描き続け、H君とは二人でマンガ雑誌を創ろう！と紙に描いたマンガをコピー機で複製し、数冊の雑誌を作って友だちに見せたりしていた。

「マンガ」「アニメ」が趣味として「暗い」「ダサい」と言われ始めるか始めないか、ギリギリの頃だった80年代初め。まだ「オタク」という言葉がなかった時代。僕自身「マンガ」を描くことに何のマイナスイメージも抱かず、むしろその熱は次第に加速していく。「自分はこんなに夢中になれるモノを持っていて、幸せで、楽しくてしょうがない！」という自覚を持ったことを今でも強烈に覚えている。

初めての投稿、一次通過、二次通過……

１９８３年、中学二年の時である。学校から帰って夕食までの時間帯に毎日コツコツと描き続けていたマンガを、初めて小学館の『少年サンデー』編集部に投稿した。当時好きだったマンガがサンデーに多かったのと、どことなくジャンプより垢抜けて洗練されたイメージがあり、投稿先に選んだ。

投稿したコンペは半年に一度の大きなコンペで、選考は三次までである。一次選考発表が掲載されているサンデーを買い、該当するページを開き、ドキドキしながら自分の名前を探す。

なんと、一次選考通過。初めて本格的に描いた作品が一次を通り、作品のタイトルと自分の名前が印刷されている！　とても不思議な気持ちだった。

二週間後、二次選考。これも通過！　通過作品が少なくなってくるので、当然作品名と名前も大きくなってきた。

そして三次選考。まさかの通過。ここに残った作品の中から大賞、優秀賞、佳作などが選ばれる。その手前までできたのだ。さすがに日頃からマンガばかり描いている息子に半ば呆れていた親も、ここまでくると息子にも才能があったのかと見直し、入賞賞金で何を買おうかと冗談まで飛ばしていた。

今考えれば、三次選考の掲載がされた時点で、印刷の進行上すでに入賞者には連絡が行っているはずである。だがそんなこともわからない僕はその後一週間、編集部から電話がかかってくるのを、毎日ドキドキしながら待っていた。

翌週発売のサンデー誌上で、入選作が発表された。僕の作品は残念ながら落選。「だよなあ」現実はそ

昭和53年　■日中平和友好条約調印

んなに甘くないよ、と。だがこれで俄然やる気が出て来たのも事実で、すぐに気持ちは切り替わり、次作の構想に取りかかっていた。

マンガ週刊誌編集部からかかってきた一本の電話

落選結果からほどなく、ある日学校から帰ると母親が、

「あんた、小学館のAさんという方から電話があったわよ」

と言う。

携帯電話など夢にも想像できない時代、我が家の黒電話にかかってきた編集部からの連絡。おそるおそる折り返すと、活気づいた周囲の音が耳に飛び込んでくる。編集部のAさんが電話に出る。

「君の作品、最終で落ちたけど、見込みあるから僕が担当する。今度会おう」

この電話で完全に舞い上がった自分。「マンガ家になれるんだ」と、とんでもない勘違いをした自分。初めてAさんとお会いした時の緊張は今でも忘れられない。まだ十四歳の言ってみればガキである。小学館地下の喫茶店でお茶を飲みながら、Aさんは僕の生まれて初めての投稿作品を目の前にして講評してくださった。当然絵はまだまだだが、ストーリー展開、構成が素晴らしい、次回のコンペにも出しなさい。次回作に関してはAさんがネーム（ノートなどにラフでコマ割した下書き）の段階から全部チェックするからそれが出来たら持ってきなさい。

それからの僕はとにかくネームを仕上げては公衆電話から編集部に電話をし、Aさんと会う約束をし

て学校帰り小学館へ向かうという日々が続いた。そう、まるで新人マンガ家のように、何度も何度もネームを描いてはボツにされ、それでも必死に食らいついてOKをいただくとペン入れをして作品を仕上げ、投稿した。担当編集者がついている自分は、一次二次選考をすっとばし、三次選考に作品を突っ込んでくれる。いわばシードだ。

結果から言うと、初めての投稿作品以降、Aさんと組んで仕上げた作品は二本。どちらも賞を逃した。

半年に一度のコンペなので、およそ一年近く、Aさんとのやりとりが続いたことになる。僕も十五歳、中学三年になっていた。いつしか僕は高校進学のこともあり、また、マンガ以外での興味も出始めていた時期だったせいで次第にAさんとの連絡も途絶えがちになっていった。

世の中にマンガ家を目指している人間はゴマンといる。そして担当編集者がついているマンガ家のタマゴもしかり。こちらから積極的に食らいついていかない奴を相手にしているほど編集者も暇ではない。やがて僕はフェードアウト。三度目の正直で挑戦した作品もダメだったのだ、僕が担当編集者でも見限っただろう。

けれども、まるで熱にうなされたような、自分にとっての全力の「青春」がたしかにそこにはあった。

昭和53年　■原宿に竹の子族（ブティック「竹の子」で服を買っていたことに由来）登場

「かどや」のおばちゃん

冨貫 功一（アートディレクター）

「駄菓子屋」という社交場が隣にあったゼイタク

生まれた時から家の隣が駄菓子屋だった。正確にはタバコ屋で、ちょうど小さな交差点の角にあったので、子どもたちからは「かどや」と呼ばれていた。「かどや」のおばちゃんはどっしりと太っていて、いつもムスッとした無愛想な人だった。

タバコを買いに来るお客のための小窓の前がおばちゃんの定位置で、一畳にも満たない狭い板の間のその場所に、座布団を敷いて一日中座っていた。タバコ客はまさしく店の角のその小窓からタバコを買うのだが、子どもたちのお目当ては店の側面いっぱいに展開されている駄菓子コーナーである。店先にはアイスクリームのショウケース、色とりどりの駄菓子の入った木箱、そして十円玉を入れてゴールまでその十円玉をはじいて遊ぶアナログなゲーム機、同じく十円玉を投入してルーレットができるこちらはエレクトリックなコンピュータゲーム機があり、引き戸を開けると、狭い店内にもスーパーボールやアイドルのブロマイド、銀玉鉄砲、指から煙が出る妖怪カードなどなど、目移りしそうなおもちゃが雑然と置かれている。当然、そんな「かどや」には学校帰りの小学生たちが毎日のようにたむろしていた。

もちろん小学生の自分もその輪の中に常にいたし、なにより駄菓子屋の隣に住んでいるというステイタス（？）が子ども心に、たまらなく嬉しかった。

今も昔も、小学生にとって「駄菓子屋」は大切な情報交換の場、社交場である。

下校後の夕方、各家庭の夕餉《ゆうげ》ができるまでのひととき、お金の使い方、「奢る」「奢られる」という関係、駄菓子の食べ方の汚いヤツがいたり、学校の噂、異性の話、友だちの悪口を言い合ったりと「駄菓子屋」で子どもたちはさまざまなことを学ぶのだ。

「これください」が言えなくて

「かどや」のおばちゃんは無愛想な上に体型も含めて威圧感があり、それが駄菓子を買うときのちょっとした緊張感につながっていた。

小学一、二年生くらいだったと思う。ある日、僕はお気に入りの駄菓子をいくつか抱え、引き戸を開けて中に入ったのだが、なぜかさらりと「これください」という一言が言えず、おばちゃんのそばにしばらく突っ立っていた。自分の気配でおばちゃんが気付いてくれるだろうと考えたのだ。そのときなぜ自分から「これください」が言えなかったのか。自分も親となり、同じ年頃の子どもを持つ今なら、なんとなく分かる気が、する。

ともかく、おばちゃんはあいかわらずムスッとしたまま、しばらくして一言、

「『これください』くらいちゃんと言えないのかい！」

と僕を叱ったのだ。

それも、僕を見もせずに。予想もしなかった叱責に僕はさらに萎縮し、おそるおそる十円玉をその指

の太い大きなおばちゃんの掌に乗せた。親でも学校の先生でもない人から叱られるという経験が、昔はけっこうあったのか、どうか。

「駄菓子屋」という百円の「宇宙」

メンコ、スーパーカー消しゴム、キン肉マン消しゴムにアンズアメ、すもも、オレンジガム、粉末ソーダ、麩菓子、酢イカ、ベーゴマ、ソースせんべい、仮面ライダーカード。コカ・コーラのヨーヨーにバンバンボール。書き出したらキリがないほど、あらゆる遊びとおもちゃと駄菓子の洗礼は全て「かどや」からだった。

実はたまに浮気して、商店街のはずれにある「アリンコ」という駄菓子屋にも行き、「こっちの店のおばちゃんは優しいなあ」なんて思ったりしたものの、やはり「かどや」がはじまりで「かどや」が社会の小さな入口で、「かどや」が僕にとっての「宇宙」だった。

もらえる小遣いはせいぜい百円くらい。その中で僕は考える。二十円の粉末ソーダ、十円の麩菓子、十円の餅太郎、三十円のすもも、残りの三十円でゲームをした。百円で充分遊び、食べた。そうそう、消費税なんてものもなかったしね。小学三年生頃の僕はその都度親にせがんで小遣いをもらっていた記憶があるが、友だちの中にはお手伝いをするたびに小銭をもらい、それをきちんと貯めて「財布を持つ」ということをしていたのもいた。その財布こそ当時流行った、コインの種類ごとに収納出来るプラスチックのコインケースで、それが欲しくてたまらなかったものである。

タバコのお使い、おつりはポケットに

小学生の頃、親父のタバコを買うお使いは、お金を貯める最大のチャンスだった。親父が吸っていたセブンスターは、その頃百四十円くらいだったか。買いに行かされる際、親父はたいてい二百円、三百円と多めに渡してくれる。それで隣の「かどや」にタバコを一箱、二箱買いに行くのだが、おつりはいつも僕にくれていた。余談だが、現在はもう子どもがお使いとしてタバコを買えない時代である。

日曜日の親父は、いつも座布団を半分に折り、それを脇に敷いてほぼ一日中、横臥していた。もちろん、キャッチボールをしたり、プラモデルや工作を一緒に作ったりと、親父と遊んだ記憶もしっかりある。だがこの時代、サラリーマンの休日は日曜日だけだった。親父が一日ゴロゴロしていることに「大変だな。疲れているんだな」と思うことはあっても、それに対して不思議と不平不満はあまりなかった気がする。

ともすればまるで友達のような接し方をする親子が増えた気がする昨今とは違って、昭和の親父はやはり威厳というか、畏怖の念があり、あまり馴れ馴れしく接するということもなかった。少なくとも自分の親父は、どちらかというと偏屈で頑固であり、子どもに対してご機嫌を取るというようなこともしなかった。そんな親父が寝そべりながら僕に渡して来る小銭。遥か四十年近く前の、タバコのお使いの記憶。

親父が亡くなった今、家族旅行の想い出や、記念日の出来事よりも不思議とそんな些細な想い出が今も残っていることが、嬉しい。

昭和54年　■日本初の電子体温計を発売。学園ドラマ「3年B組金八先生」放送開始

おばちゃんの笑顔

「かどや」のおばちゃんは、旦那さんより先に亡くなった。

その頃中学生になっていた自分は、歩いて行かれる地元の公立には行かず、私立の中学校に通うようになっていたため、電車通学をしていた。もうとっくに「駄菓子」で喜ぶ年齢でもなく、隣の「かどや」よりはるかに大きく広い世界を知り始めていた。電車通学のためきちんと財布を持ち、下校時には駅の近くの本屋に寄ったり時にはファストフードで友人とだべったり、どんどん行動範囲が広がって行った。「かどや」はただのお隣さんになっていた。時折親父のお使いでタバコを買いに行くことがあっても、駄菓子やおもちゃの売っている引き戸からではなく、小窓の方からだった。そこには亡くなったおばちゃんの代わりに、旦那さんが座っていた。白髪で皺深い顔をした旦那さんはおばちゃんと違い優しくて愛想が良く、子ども心に「夫婦って面白いな、よく出来ているな」などと、生意気にもふと思ったりした。

中学、高校と進むにつれ、「かどや」はますます僕の目には映らなくなっていった。もうその頃には「駄菓子屋」としての機能は無くなり、本来のタバコ屋として細々と営業していた記憶がある。

それからやがて「かどや」は閉店し、ただの民家となり、そして駐車場になった。

そういえば、親に連れられておばちゃんの葬儀に参列したとき、遺影の中のおばちゃんは、とても素敵な笑顔だった。それがなんだかほっとしたのを、覚えている。

「普通の女の子」にはなれない私の中のキャンディーズ

中山 由紀子（会社員）

どちらもありの「どっち派問題」

同級生のほとんどがピンク・レディーに夢中になっていた頃、私もご多分にもれず白と黒の「リリアン」がぶら下がったようなコスチュームの絵を描き、時には髪に羽根を付け、友だちとマイクを向け合いながら、モノマネに励んだ。

〈ピンク・レディー派〉のように友だちには振舞っていたけれど、実は私は完全に〈キャンディーズ派〉だった。キャンディーズの解散は1978年、ピンク・レディーのデビューが1976年なので、活動期間は少しだけかぶっているが、幼稚園児から小学生になろうとする私たちに「ピンク・レディー」のデビューがあまりにもセンセーショナルで、同級生のほとんどが、ピンク・レディーに夢中になった。

ああ！ キャンディーズ

あれは何歳だったか、多分小学一年生だったと思うが、家族でどこかのドライブインに寄った時に、キャンディーズのカセットテープを見つけた。カセットテープなんて買ったこともない私なので、そこに書かれている文字の意味は分からず、ただ《キャンディーズ》という文字と、三人娘の笑顔に惹かれて手に取った。なぜそれをすんなり母が買ってくれたのか、未だに謎だが、何かしら私をおとなしくさせて

昭和54年 ■流行語「エガワる」「シカト」「ダサイ」「ナウい」「ニャンニャン」

おく必要があったのかもしれない。

家に帰り、母が私たちきょうだいに英語学習をさせようと手に入れてきた当時まだめずらしかった「カセットレコーダー」なるもので早速再生してみると、そこから流れてきたのは、キャンディーズの歌声ではなかった。いや、もちろん歌も入っているのだが、私がテレビで聴いたことのある曲ではない。それどころか、「八つ墓村」……などというタイトルで、三人がトークを繰り広げるのだ。

なんだ、これ…??

付属の紙を見てみる。

「ああ! キャンディーズ!」と書かれたパッケージの中に入っている紙には「GOGO! キャンディーズ」と書かれている。

そう、これはラジオの収録をまとめたテープだったのだ。

キャンディーズの歌のカセットと思い込んでいた私は、若干のショックを受けた。いつもの愛くるしい三人が、台本を読んでいるのか、テレビではドリフのコントでも見ないようなテンションでふざけたりはしゃいだりして盛り上がっている。

幼かった私には、たぶん少し大人びすぎていたのだろう。

せっかくのカセットテープだから、と、擦り切れるほど聴き込んだが、主に聴くのはB面最後の「つばさ」だけで、その「つばさ」は別れの歌なので、テープを聴くたびになんとも言えない悲しい気持ちになっていた。そんな気持ちで聴いてはいたが、毎晩のようにそれを聴いて寝ていたので、英語学習よりもずっと脳に浸透し、いつしかすべてのセリフを言えるほど暗記できていた。

普通の女の子には戻れない

その後私は、親に頼み込んで「キャンディーズ全曲集」も手にすることになる。定価３４００円だった「全曲集」より、定価２０００円だった「ああ！キャンディーズ」のほうなら買ってあげようと、親がドライブインで選択したのだと察するが、結局はどちらも買ってもらう展開となった。

確かそれは誕生日プレゼントだったと思う。全曲集を手にした時は、それはそれは天にも昇る心地で、仲良しの友だちを家に呼んで、自慢気に何度も再生した。

しかし、時代はすでにピンク・レディー一色。友だちはしばらく私に付き合ってくれたあと、「それより、ピンク・レディーマイクを買ってもらったから、私のうちに行ってピンク・レディーごっこしよう！」と切り出し、気の弱い私は「そうだね！」と、ピンク・レディーに乗っかった。

その後、私はなんとなく「キャンディーズファン」であることはひた隠しにするようになり、友だちにキャンディーズの話をすることはなくなっていった。全曲集の全曲を歌えたがそれを自慢する相手もいなかった。ランちゃんよりスーちゃん、スーちゃんよりミキちゃん推しだったことも、ひっそり自分だけの喜びに収めておきたかった要素かもしれない。なぜ引越しの時、実家に置いていってしまったのだろう。

今あのカセットテープは、実家のどこかにあるだろうか。親にとってはただのゴミなのだろうから、

昭和55年　■任天堂が初の携帯型ゲーム機「ゲーム&ウオッチ」を発売

捨てられてしまったかもしれない。

私はあの頃の大学生男子並のファンではなかったが、「普通の女の子にもどりたい！」と去ったキャンディーズは、私の中でずっと「アイドルのキャンディーズ」であり続ける。ランちゃんは今も芸能界で活躍しているけれど、一番推しだったミキちゃんは姿を見せないまま、スーちゃんは若くしてさらに見えないところへ旅立ってしまった。そう、たとえれば小鳥のように※。


少し年上の友だちとカラオケに行ってキャンディーズを歌うとちょっと盛り上がる。

「キャンディーズなら全曲歌えるよ！」

と今その年上の友だちには自慢する。

「年下の男の子」を振り付きで歌うと、子どもの頃に戻ったような気持ちになる。そしてついつい私は「つばさ」を選曲してしまう。あんなに寂しい歌だと思っていたのに、キャンディーズといって真っ先に脳裏に浮かぶのは、「つばさ」であり、私の中で思い出すカセットテープは、「キャンディーズ全曲集」ではなく、「ああ！ キャンディーズ」なのだ。

※「つばさ」の歌詞の一節

『交換日記』

川瀬 悦郎（公務員）

それは最もアナログな交信手段

今、私が住んでいる田舎では、天候が大荒れすると子どもを車で小学校まで送っていく習慣がある。もちろん、私が小学生の頃は、そんな軟弱な習慣はなかったので、大雪が降っても、台風が来ても、歩いて小学校に通っていた。時代とともに環境も変わり、車が一家に一台が当たり前になった。それとともに、家族の中に占める子どもの優先順位がどんどん上がって、こんな習慣ができてしまったのかもしれない。

天候が荒れた日、早朝にＬＩＮＥ（ライン・インスタントメッセンジャーツール）が来ることがある。

そんな朝は、起きてからずっとスマホをポケットに入れているので、すぐに用件を確認することができるので、便利っちゃ便利ではある。

「今日はひどい天気ですけど、どうしましょうか？」
「私は今日、仕事が遅番だから送っていけるよ！」
「うわぁ。ありがたいです。よろしくお願いします」
「うちも、一緒にお願いできますか？」
「いいですよ～♪」

昭和55年　■山口百恵と三浦友和が結婚。テレビ番組「8時だヨ！ 全員集合」が大人気顔を会わせるまでもなく、電話で声を交わすまでもなく、あっと言う間に意志の疎通ができてしまう。もの凄く便利な世の中になったもんだと、子どもの送りの打合せを行なうＬＩＮＥを見る度に思う。

そして時々、こんな便利な道具がなかった頃を思い起こしてみることもある。

初めて恋という感情を覚えた中学時代。初恋をずっと引きずった高校時代。初めて彼女ができた大学時代。就職して付き合い始めた相手から手紙が来るのが待ち遠しかった二十代。そのいずれの時にも、こんな便利な道具はなかった。いつも、誰が出るかわからない電話を、どきどきしながらかけるしかなかった。

でも、あの頃は今よりも不便だったけれども、デジタル時代にはないアナログの暖かさがあった。不便で時間がかかったけれども、返事をワクワクしながら待つ余裕があった。ＬＩＮＥみたいに「既読スルー※」を心配する必要もなかったし、人と人との交わりがもっとずっと緩やかだった気がする。

ここでは、私にとって最も古い、最もアナログな交信手段についてちょっと思い出してみたい。

初恋と言えるのか？ 定かでない「初恋」

中学校はたったの二クラスしかない田舎の中学だった。クラスの半分は小学校からの同級生。相手の家庭環境までよく知っている関係なので、クラスの多くとは距離が近い関係だった。

いくら田舎と言っても、中学生ともなれば異性に興味がわいてくる年頃だ。クラス公認のカップルもいたけれど、それは少数派で、田舎だからだろうか、多くのカップルはひっそりつきあっていたようだ。

もっとも、こんなことは大人になってからの同級会で知ったことであり、当時は誰と誰がつきあっているといった情報は、男の私にはあまり関係ない話だった。というより、その頃、私自身が気になる異性を常に意識していたので、人の恋路のことなどまるっきり興味がなかったのだろうと思う。

彼女のことが気になり始めたのは、二年生の頃だったろうか。背が高く、頭が良く、目鼻立ちのすっきりとした彼女は、かなり目立つ存在だった。私も勉強だけはよくできたし弁も立ったので、三年の時には生徒会長に選ばれ、副会長に彼女が決まった時は、心の奥で快哉を叫んだ。世の中には幸運の女神というものが実在し、今、私に微笑んでくれたんだと思った。そのくらい嬉しかった。生徒会選挙から暫くは、彼女と話す時、その嬉しさを気取られないように振る舞うことを常に注意していなければならないほど、心が踊っていた。

今振り返ってみても、中学三年の一年間は、私の人生の中でも最も楽しい一年間だったと言える。

私は少しでも彼女と一緒にいたくて、生徒会活動をこれまでよりもずっと活発なものにしていった。新しい活動を提案したり、今までの活動や行事を大きく変えようと目論んだ。日々アイデアを考えることが楽しくてしかたがなかった。また、そのアイデアについて、放課後の生徒会室で、彼女や他のメンバーと具体的なプランにまで練り上げる作業が楽しかった。

当時、その地域で進学校は一校だけだったので、普通に勉強ができて生徒会長だった私には、進学（受験）の不安はまったくなかった。他のメンバーも五十歩百歩だったと思う。

昭和55年 ■竹の子族、ニュートラ・ハマトラ・プレッピーの三大ファッション、スタジアム・ジャンパー、ルービック・キューブが流行

彼女にはつきあっている男は（たぶん）いなかったし、私も彼女以外の女性は目に入らなかった。彼女にとって私は、異性として意識される存在だったのかどうか、今となっては確認するすべはないが、当時、彼女と私との距離はかなり近かったはずだ。仲の良いクラスメートよりもぐっと近く、恋人よりちょっと離れているくらいの感じだったろうか。明らかに彼女が他のメンバーに接する態度と、私へのそれは違っていたので、好意をよせてもらっていることは、折に触れて感じることができた。

今思えば、好意は寄せてもらっていたと思うが、恋という感情までは達していなかったのかもしれない。が、いずれにしろ、彼女との距離を縮める必要はなく、生徒会室で彼女と会えるだけで十分だった。

どうやってノートを渡す？ 今の「LINE」が「交換日記」の役割

そんな80年代の通信手段のひとつが、交換日記である。交換日記と言えば、我々の年代では知らない人はいないだろう。

私の中学では異性間での交換日記が主流だったが、友人のところでは、女性と女性との交換日記もあったそうだ。交換日記を一言で説明すれば、ノートをやりとりしてメッセージを交換する、アナログ版LINEのようなものだ。

ただ、ちょっとしたポイントがあって、どのような手段を用いてノートをやりとりするかが、悩ましいところなのだ。

交換日記を知らない世代は、ただ単に相手の机の中にノートを入れればよいと思うだろうが、これはなかなかうまくいかないし、リスクも伴う。つまり、相手の机の周りに誰もいないタイミングを探さなければならないし、もし、本人以外の男子生徒に日記帳を見つけられれば、はやし立てられることになる。

私が知る限り、我々の中学では、交換日記に用いるノートは、大学ノートのような味気ないものではなく、ピンクや花柄が主体の可愛い系のノートだったから、そのまま机の中に入れておけば当然ながら目立つ訳である。では、どうすれば目立つことなく秘密裏にノートを交換できるか。

我々の中学では、カップルの共通の友人が配達人となって、ノートを運ぶのが一般的だったようだ。なぜ、こんなことを私が知っているかと言うと、かく言う私も配達人だったし、配達人同士での横の繋がりもあった。生徒会長という目立つ存在でもあった私は、男子にも女子にも友人は多かったため、配達人の斡旋までもやった記憶がある。

配達人をしていると、つきあっているカップルの親密度がある程度わかるようになるから面白い。私は変に義理堅いので、ノートの中身は決して見なかったが、ノートが交わされる頻度とか、ノートを渡すときの相手の様子で、トラブっているのかラブラブなのかが、だいたい分かるのだ。

前述のように、私には恋人ではないが、それに近い大切な存在がいたので、自分が交換日記をしたいとは思わなかった。いや、本当は副会長である彼女との交換日記を、心の奥底では望んでいたのかもしれないが、もし彼女に交換日記を申し込んで断られた場合、生徒会室での会話が弾まなくなることは自明の理である。たぶん、そうなることを恐れたんだろう。

交換日記をしない本当の理由

もう一つ、交換日記については忘れられない思い出がある。実は、当時、私は二人くらいから交換日記をしないかと誘われたことがあるが、「自分の字は汚いから」という、今思えばなんとも失礼な断り方で両方とも断ってしまった。

一人は直接本人から打診されたので、断るとそれっきりになってしまったが、もう一人は私が配達人をやっている女子生徒を介して誘われたこともあり、「字が汚くてもいいから、友だちとしてでもいいから」と再三誘われた。でも、結局私は「汚い字を人に見せるのはイヤだ」という強引な理由で断ってしまった。

本当の理由はもちろん、その副会長のことを好きなのに、他の人とは交換日記などできないと思ったからだ。でも、今となっては、もう少し別な対応がとれたんじゃないかと後悔している。断り方や、断った後の彼女への接し方なんか。今でも女性に対しては不器用だけれど、あの時の対応は酷かったと思う。

その後、バチが当たったのだろうか、私は自分で振る前に相手から振られることの方が、圧倒的に多くなってしまった。まあ、その方が気が楽でいいのかもしれないと思うようにしているが。

つながっていたいから

スマホが主流になり、ＬＩＮＥやフェイスブックなどで簡単にいつでも人と繋がれる世の中になった。離れていても、何時でも、一日に何回でもメッセージをやりとりできる。これはこれでアリだと思っている。人と繋がっているから生きていられるとか、繋がっていることで安心できるというのは、アリだと思う。

我々の世代にとって、「交換日記」はその「繫がり」を身近に感じる最初の手段だったのかもしれない。

今となっては古くさく不便ではあるが、その分、相手の心が直接文字となって流れ込んで来ていた。メールには表せない文字以外の感情も、やりとりできていたんだろうと思う。

もっとも、自分自身はやったことがないので、想像するだけだが。


副会長だった彼女は隣町に嫁いで、私が週末によく利用するスーパーで事務員として働いている。普段、事務所にいるので滅多に顔を見ることはない。運良く彼女を見かけると、いまだに心がポッと温かくなるし、言葉を交わせた日は「超ラッキー！」てな感じである。もちろん、お互いすでに恋心などあろうはずもないが、それでも「初恋」は特別な存在なんだろうと、改めて思ったりもする。

交換日記が流行っていた頃、田舎の中学生だった私は、不器用に初恋を経験し、右往左往しながらも少しずつ大人になる準備をすすめていったんだと思うと、その頃の自分がなんとも初々しく愛おしい。

※**既読スルー**
LINEの内容を「相手が読んでいるにも関わらず返信が来ないこと」を意味する俗語。そもそもこの「既読」機能は、東日本大震災をきっかけにLINEが開発された際に、災害時などにおいても安否確認ができることを目的として実装されたものであったが「無視されているのではないか」と孤独感や不安を誘発する一因となり、「すぐに返信をしなければいけない」という受信側のプレッシャーも含めてコミュニケーションの負担になっていると一部社会問題化している。（参照・ウィキペディア）

昭和56年　■ファミリーマート開業。三語族「ウッソー」「ホントー」「カワイイ」

昭和56年　■ヒット曲「ルビーの指環」ザ・ベストテンで12週連続一位という同番組の最長記録を樹立した

好きだよと言えずに初恋は

桜川花子

キスはレモンの味？

淡い恋心、誰もが持っているあったかくて甘酸っぱい思い。

「甘酸っぱい」という表現を、中学生時代に歌詞の中などでたまに読んで、当時の私はまったくピンとこなかったけれど、今はその風味がよくわかる。

今、中学生の娘たちは「今の恋愛を成就させる」ことが一大事で、すべてで、最高のレベルなのかもしれないけれど、いつか……三十年も経ったら、それが、どのような結末になろうとも、その「恋愛」という事象そのものが甘酸っぱく、忘れられない素敵な後味となるということに、気付くのだろうと思う。

「交換日記」は、私たちの恋心の橋渡しをしてくれた大切なＬＩＮＥ（道筋）だったのだろうと、今思う。

「交換日記でもやんなよ！」ヤンキー口調のトンだ担任

「交換日記」が流行り出したのは、小学六年生のとき。まだ男子と女子は「異性としての意識」なんてものではなくて、「好き」という感覚も、「勉強できるから」「かけっこ速いから」「お笑いがおもしろいから」といった理由がはっきりして存在していた。

私が仲良しだったキーちゃんは、「ゾウくん」とあだ名のついた男子が好きで、そのことは担任の先生までも知っていた。男の子みたいにさっぱりした性格のキーちゃんは、運動が得意で、計算が速くて、ドッヂボールも強い。同じグループに入れてもらえただけで、ちょっと得意な気持ちにすらなるような活発な女の子だった。

そんなキーちゃんだから、好きな男子のことも、あけっぴろげに公表していて、そんなキーちゃんだから、当たり前のようにゾウくんと両想いだった。

そのキーちゃんに「交換日記」を進めたのは、何を隠そう私たちの担任の女の先生だった。

担任の藤川先生は、当時にしてはかなり変わった先生で、ある日「ワカメちゃん」並に頭を刈り上げてきたと思ったら、その翌週には、その刈り上げが片方の耳の上まで広がっていて、その後流行する「ハウスマヌカン」カットとでも言おうか、ひどく斬新な片側おかっぱ刈り上げカットをキメて、小学校の教師らしからぬ黒い「パンタロン」などを履いて登場するような先生だった。

「おしゃれ」という感覚がまだまったく芽生えていない小学六年生の私たちにとって、「片側刈り上げ」の妙に猫背な先生（たぶん当時まだ二十代だったはず）は、学校で浮きまくってる不思議な存在だったのだが、その藤川先生がある日突然、Ｂ４サイズくらいある大きな茶色い光沢のあるノートをキーちゃんに手渡し、「これでさ〜、交換日記でもやんなよ！」と、ヤンキーの先輩か！ というような口調で言ったのだった。

「サンリオ商品」が70年代に登場し、私たちの世代の持ち物は猫も杓子も「サンリオ商品」でキラキラしていた時代に、唐突に渡された「ワンポイントのデザインが入ったｐｐ加工された茶色い表紙のランドセルにとても入らない大きさのオシャレなノート」！

昭和56年　■なめネコブーム（セーラー服やガクランを着た猫の写真やポスターが流行）

今思い出しても、藤川先生の飛んじゃってるぶりは、すごかったと思う。そして、そのノートで「公認交換日記」を始めたキーちゃんとゾウくんは、時代の最先端だったと……思う。

事実、そのわずか二年後には「カラス族」と呼ばれる黒づくめの服を着た「ハウスマヌカン」が流行り出すわけで……藤川先生は、常に「時代を先取りする女」だったのだと、あとになってから気付かされる。

No．いくつ？

「ノー」ではない。「ナンバー」と読む。

そんなわけで交換日記を始めるキーちゃんとゾウくんなのだが、小学生の男女で始まる交換日記が「二冊目」に突入することなど、まずない。

宿題もろくにやらない男子が、「かきかた」の授業がだいっきらいな男子が、たとえ好きな女子のためとはいえ、「ノートに日記を書き続ける」なんてこと、できるわけがない（主観です）。なので、このあと多くの男女間で「交換日記」がブレイクするのだが、男女間の交換日記は「続いても三往復」くらいで終わる展開から、中学生になったころには、「交換日記」というものは、「女子間」でのみ行なわれるようになっていった。二人でやるものもあれば、グループでやるものもあり、女子の間には複雑な人間関係が構築されているため、「親友用」「親友を含むグループ用」「小学校の時の親友用」「クラブ活動用」など、交換日記の種類がだんだん増え、一時期は七冊もの日記が回って、ローテーションのタイミングが悪いと、すべての日記が自分のところで滞る、という事態に及んでしまう可能性すらあった。

そうなってくると、「誰かのだけ一冊返す」ということがしづらくなってくるので、試験勉強も惜しんで交換日記の返信を書き続けて寝不足になる日々という、親に知れたら「交換日記禁止令」が出されるような事態にまで及んできた。だが当然、その時点で「ものぐさ」な子がいれば、そこで止まる。そして、二度と自分のところに交換日記は戻って来なくなる。

という法則に従って、交換日記をたくさん抱えていても、いつの間にかその冊数は減っていき、更新されないままフェイドアウトになって忘れられていくということも日常茶飯事だった。

なので、交換日記が一冊終わるということは、私たちの中ではステイタス度が高かった。「一冊をやり遂げた感」が満載だった。最初のノートを一人が買ったとしたら、次のノートはもう一人が買うというルールだ。「Ｎｏ．２」と表紙に大きく書く喜びは、交換日記を続けたことのある人にしか分からないだろう。

あまりしっかり覚えていないが、確か私が続けた中で一番長く続いた日記が、親友だったキーちゃんともえちゃんとの三人でやっていた交換日記で、Ｎｏ．２０以上は更新したと思う。

秘密日記が持ち去られる

私は文章を書くことが好きだったので、当時「ペンパル（文通相手）」もたくさんいた。少女雑誌の読者投稿ページには「ペンパル募集！」というコーナーがあり、そこにロコツな個人情報が掲載されていた。その中から気の合いそうな人を任意で選び、唐突に文通を始めるという文化が当時あったので、交換日記のみならず、文通作業にも追われ、当時から執筆活動で忙しかった（笑）。あまり複数の人と文通やら

昭和57年　■東北新幹線、上越新幹線開業。ラブコメ全盛。「ルンルン気分」

日記やらを交わしていると、書いていることがだいたい同じになってくる。

当時の交換日記の一般的な内容は、

「学校であったこと」（同じ学校に行ってるのでだいたい知ってること）

「家であったこと」（当時反抗期なので家であまりなにもない）

「質問コーナー」だ。

この「質問コーナー」が重要で、これがあるから「質問に答えます」という項目で、次の日記が続く。質問コーナーを怠ると、たちまち日記の返しが悪くなるのが定番だった。

開けば誰でも読めてしまうノートだというのに、私たちはそこに赤裸々な「秘密」のことをたくさん綴った。好きな先輩のこと、嫌いな先生のこと、友だちのうわさ話、女の先輩の悪口、誰が誰のこと好きなんだって！　女子はとかくそれらの話題で盛り上がる。

が、とんでもないことがある日起こった。キーちゃんが、私たちの日記を女子トイレに置き忘れてきてしまったのだ。そして、なんと運の悪いことか、それを一学年上の先輩に見つかって持ち去られてしまった。それも、ちょうどたまたま私が悪口を書いた先輩配下の人に見つかってしまったから、たちが悪い。中学生といえば好奇心の塊。とりわけ女子にとって、「人の交換日記」など、大好物中の大好物だ。あっという間に私の日記は回覧板のように扱われ、当時私がつきあっていた（バスケ部のイケメン）先輩のことを好きだった加藤先輩のところまで回されていた。

加藤先輩は、ちょっと前から私がイケメン先輩と付き合い始めたことに苛立っていたらしく、いつか私に「痛い思いをさせてやろう」と思っていたようだ。この「痛い思い」というのは、当時の不良（?）に流行っていた「集団リンチ」なるもので、それはそれは恐ろしい「好奇心の塊」だった。

「体育館裏に来い」

「集団リンチ」という言葉そのものがまず恐ろしい。

イメージとしては、集団で鞭やチェーンなどを持って、「オラァ！」などと言いながら、一人を徹底的に痛め付けるようなものだろうか？　いや、さすがに私の中学の先輩は、「積木くずし」実写版までのことをする勇気はなかったようだ（笑）。

私は「体育館裏」という当時の定番中の定番の呼び出し場所ではなく、「体育館の女子更衣室」に、呼び出された。「オラァ！」じゃなかったとしても、たった一人で体育館に向かう時の、心臓が飛び出るほどドキドキしてこわかったことを、今でも思い出す。今こんなことをしたら、大問題でニュースになってしまうような話だ。

女子更衣室では、諸先輩方が十数人お待ちかねになっていた。

「あんたさ〜、交換日記にウチらのことさんざん書いてくれたじゃない」

と、すごみを効かせる加藤先輩。恐怖で下を向いて震える私。中学二年生の私には、中学三年生の加藤先輩がとても大人に見えていたが、今そのシーンを客観的に思い描いてみるとちょっと吹き出してしまうほど、滑稽だ。

昭和57年　■500円硬貨発行。テレホンカード使用開始。文具ポスト・イットがヒット商品となる

番長・石黒先輩

中三の先輩は、いくつかのグループに分かれて派閥があった。私を呼び出したのは「石黒先輩」率いるなんちゃってヤンキーの集団。「なんちゃって」なんて当時は思っていなかったし、中学校が私服だった私たちの学校で、先輩がそのまた先輩から譲ってもらったというセーラー服の長いスカートを履いて颯爽と歩く石黒先輩は、身長は小柄だったのだが、それはちょっとした憧れだった。

副番長とでも言おうか、その石黒先輩と徒党を組んでいるリーダー格があと二人いて、一人は、栗色のロングヘアーがツヤツヤで、いつもサイドをきれいに流してる目がクリッと丸い美人の七瀬先輩。もう一人は女子プロレスラーにいそうな肩幅でむちゃくちゃ喧嘩が強そうな三本木先輩。漫画から出てきたかと思うほど出来上がったこのトップ3は、廊下ですれ違うと、かなりの威圧感で、先輩と知り合いじゃなくても通り過ぎる時は「こんにちは！」と言わなければ、目をつけられたりした。

当時「スクールカースト」なんて言葉はなかったけれど、このトップ三人が一軍だとすると、加藤先輩はこの配下の「二軍の上」というところの立ち位置だったと思う。七瀬先輩のことを「顔は可愛いけど、キツそう」と日記に書いたことを七瀬先輩に告げ口し、七瀬先輩を利用して仲間を集め、リンチ開催を計画したのだった。（なんてコスイ女！ 笑）

「便所の水を飲め！」

石黒先輩は、腕組みをして輪の外側で壁にもたれかかっていた。私を囲んでいたのは七瀬先輩と加藤

先輩と加藤先輩の仲間である雑魚キャラの面々（言い方・笑）が五～六人くらい。石黒先輩のお付きの人みたいなギャラリーも何人か見学していた。

「なにこいつ～。睨んでんじゃないの！　むかつクゥ～」

と、加藤先輩が凄みを利かせる。私は睨んでいたわけではなく、緊張と恐怖でめまいを起こしかけていたため、目が朦朧としていたんだろうと思う。

「おら、便所の水飲めよ～」

と、王道のセリフが飛んでくる。やいのやいの言うわりに、自分たち自身も「リンチってどうやるの？」というレベルだったのだろうと後から思う。そして、

「キョウコ（加藤先輩の下の名前）～、もう殴っちゃいなよぉ～」

と、雑魚キャラの一人が口にした。言われちゃったので、後に引けなくなった加藤先輩が、よーしとでも言わんばかりに、私に平手打ちをした。

ぱちっ。

なんとも地味なか弱い女の子のビンタに拍子抜けした。これなら、うちのオカンのほうがずっといいビンタを食らわす。しかし、私にそんなツッコミを入れる余裕はない。トイレの便器の前に連れて行かれ、水を飲めと言われて「うーん、どうしよう」と迷うことくらいしかその時はできなかった。そのうちなんだか意識が朦朧としてきて、立っていられなくなってきた。

「なんだ、こいつ～。座ろうとしてるぜ～」

昭和57年　■『積木くずし（穂積隆信）』がベストセラーに。社会問題となっていた非行を著名な俳優の家庭環境として描き反響を呼んだ

と、雑魚が言うのだが、別に座りたいと思ってるわけではない。自然に血の気が引いてきてしまったのだ。すると、しばらく様子を見ていた石黒先輩が、加藤先輩に向かって言葉を発した。

「もう、そんぐらいにしときな。こいつ、貧血起こしかけてんだよ」

……なんという、なんというドラマッチックなセリフ！「もうそんぐらいにしときな」私は、後にも先にもこのこのセリフを生で聞いたのは、この時一度だけだ。

石黒先輩のこの一言で、みんな何も言わずにさ〜っと散った。私は朦朧とした意識の中で「ああ、石黒先輩！かっこいいっす！」と、密かに感動していた。

石黒先輩は、もうすっかりしゃがんでしまった私の前に来て、同じようにしゃがみ込み、

「あんたさ、気をつけなよ」

とだけ言った。
・・・・・
あっ、恋愛の話をしようと思っていたのに、石黒先輩の話になっちゃった。

ちなみにですが、この時リンチを受けるキッカケとなったイケメン先輩とは、上野公園へ初デート、カマキリ自転車に乗ってサイクリングなど、甘酸っぱい青春のひと時をすごし、先輩の卒業と同時に私が急にヤンキー化して、関係は終わりました（笑）。やはり、ヤンキーに一揉みされるとヤンキー化が進んでしまうものなのかもしれない。

思い出したくないけど思い出したうちの学校の名物先生

匿名（自営業・男性）

生徒の尻を叩くのは日常茶飯事

名物先生と言うと、なんだかちょっとオモシロイ先生なんじゃないか？っていうイメージだけど、そうじゃない。今だったら間違いなく即辞職させられるような先生が二人、うちの中学にはいた。

ひとりは技術の先生で、木の端材なのか、一メートルくらいの棒をいつも持っていて、何かあるとそれで生徒の腿や尻をペシィ！と叩く。当時は技術科は男子の科目、家庭科が女子と分かれていたので、ほとんど女子に接することはなかったためか、さすがに女子にやってるところは見たことがないけれど、遠巻きに見ていても十分な威嚇行為だった。

もうひとりは、その技術の先生としょっちゅう技術準備室でお茶を飲んだりしていた社会科の先生。この先生のエピソードは、同級生なら必ず一つや二つは持っているはず。俺も類にもれず。

バカヤロー！ 大学なんか行ってどうするんだ！

中学二年生の時、ハンドボールでキーパーをしていた俺は、相手のゴールボールを顔面でくらってしまった。背が高かったので、相手がジャンプして投げた球がちょうど顔の位置だったので、モロだった。

もともと持病もあったのに加えてその怪我が引き金となり、副鼻腔炎の手術を何回か受けることになった。

昭和58年　■深夜放送人気「オールナイトフジ」スタート

入退院を繰り返して三年になった。高校受験の勉強で忙しい時期に……。

退院してすぐに自宅療養していると、その先生が見舞いを兼ねて店に来た。うちは自営業でおやじが自転車屋を営んでいる。

「お前、学校、将来はどうするんだ？！」と先生が聞くので、

「大学行って会社に……」と言ったら、

「バカヤロー!! 大学なんか行ってどうするんだ！父親の店継がなくてどうするんだ！」と言われた。

その時先生が勧めた高校に進路が勝手に決まり、

「お父さん、お母さん、これでいいですね！」

と、言い放って帰っていった。

先生が勧めた高校は、どんな不良でも勉強しなくても行かれるような私立高校。俺は手術の後で顔はパンパンに腫れてて、ボーッとしていて、逆らえる気力もなくて、親もずっと前からの常連客だった先生に従うしかないという状態で。（終わったな）と俺は思った。

その先生は、中学校だけじゃなく、教育委員会的なところにも顔が利くいわゆる「権力者」だったから、その先生の決定は絶対だった。もちろん一生懸命働いている両親を知っていたので、気にかけてくれていたんだとは思うけれど、店に来るたびに俺も呼び出され、ことあるごとに首を突っ込む先生だった。


あの時代のいい先生だったのかもしれない、でも……

あの頃は、今でいう〈パワハラ〉的な圧力に保護者が立ち向かうなんていうことはあり得なかった。当時、俺や俺の親が反対していたらどうなっていたのだろう。

俺は別に頭が良いわけではなかったけれど、だいぶ自分のレベルより下の高校に入ることになってしまい、入学してからもその内容のひどさにかなりショックだった。

どうやらその先生の教え子がその高校で教師をしていたらしい。高校に何人か生徒を入れたらなにか見返りがあったのか……それはあくまでも憶測だけれど、何かしらそれも関係あったのかもしれない。

高校在学中も何回か手術をして体調が良くなかったけれど、もし普通に大学に行って違う人生だったら……と考えることもある。

大学を目指すこともできたかもしれないが、その人生を選んでいたら今のカミサンとも知り合わなかったわけだし、友だちも生き方も違うものになっていただろうから、やり直したい気持ちもあるけど、そこはなんとも複雑。

昭和58年　■テレビドラマ「おしん（橋田壽賀子　原作・脚本）」最高視聴率62.9%。「おしんドローム」が流行語となる

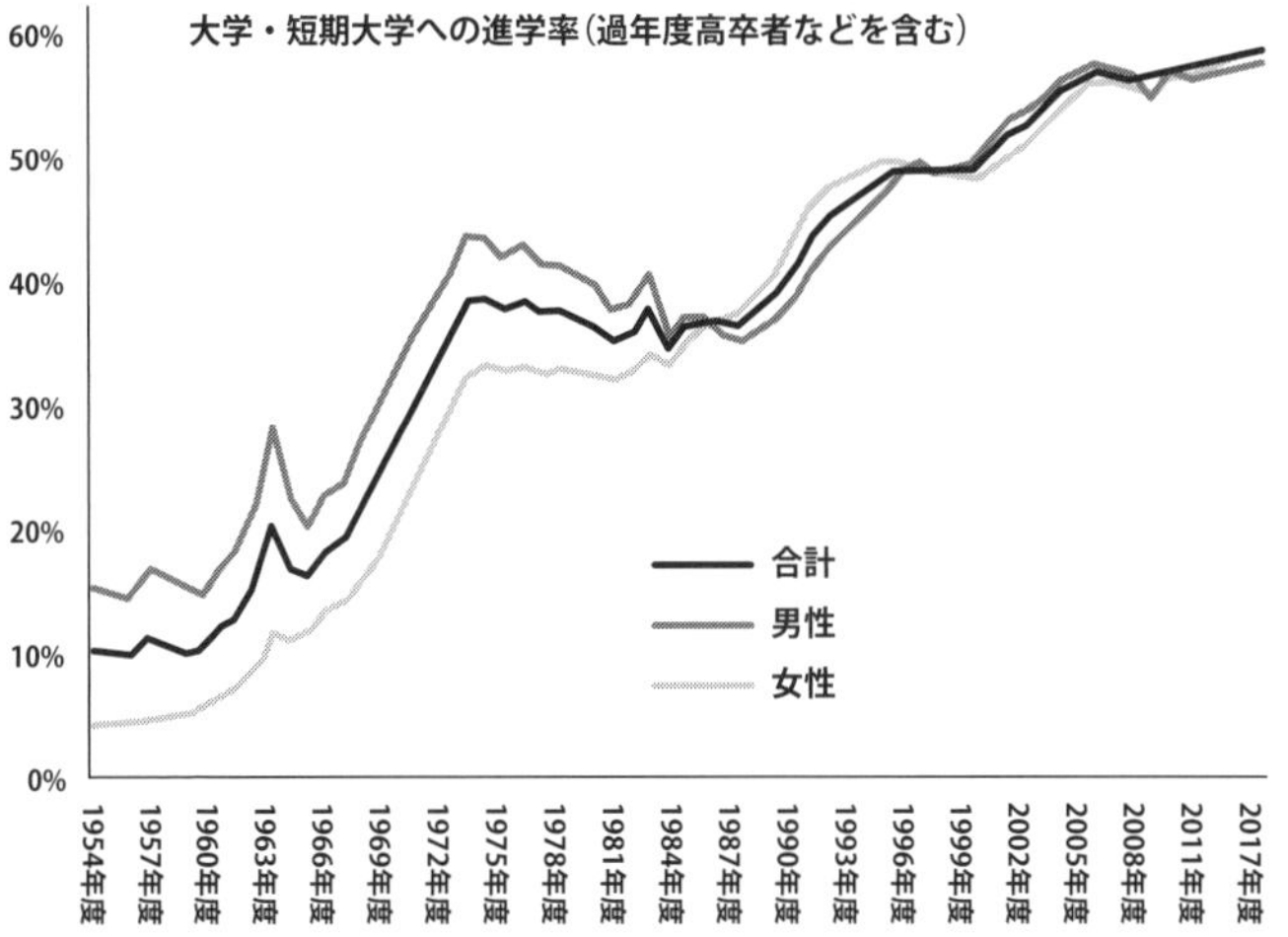

私も思い出しちゃった、同じ先生のエピソード。

匿名（自営業・女性）

まさに管理教育時代の典型的な先生だった

私はつい最近までこの名物先生と年賀状のやり取りをしていた。

と言うと、とてもその先生を慕って仲が良かったのかと思われるかもしれないが、そのきっかけは極めて特殊だった。

この名物先生は「教師に年賀状も送ってこないやつはロクな人間にならない」と授業で言っていた。それは年賀状を出すか出さないかで、成績が左右されるぞということを意味していた。それだけの権力者だったので、みんなその先生がそう言えば、そうするというように動かされていた。

「高校に進学したいのなら俺の言うことを聞け」

なんのオブラートもなく、その先生は授業中にそういうことを発言していた。

中学三年生、受験生で反抗期とか言ってられない私も、類にもれず先生に年賀状を出した。

その年父がシルクスクリーンにはまっていたので、同じようにオリジナルの版画を作成し、初日の出をデザインした年賀状を制作した。美術の先生ならここで5をくれてもいいくらいの作品だ。

しかし、新学期に学校に行くとその先生はこれみよがしに、授業で言った。

「年賀状を出せばいいというものじゃない。そこに何のコメントも書かずに年賀状だけ出す奴はバカだ」

そういうことを言う先生だった。反抗期の中学生の私は素直にカチンときた。あんまりにも頭にきたので、その翌年は長文を書いて年賀状を送った。文句のつけようもないだろう！と、私なりの反撃だった。その先生も、自分でも言うだけはあった。それに対して丁寧に返事を送ってきた。

翌年も、私は先生に年賀状を書き、先生が返事を送り、そのやりとりが結局三十五年続くことになった。

大嫌いだったはずなのに、誰よりも長く連絡を取り合った先生になった

二十歳を過ぎて、すっかり私の反抗心が穏やかに落ち着いた頃、先生は私と友人をフランス料理のランチに連れて行ってくれた。その時同じ学年で年賀状を出し続けているのは、私ともうひとりだけだと晩年になって話していた。

平成が終わることがはっきりし始めた年、年賀状の返事が、先生からこなかった。数年前から先生の字がだいぶ歪んでいることに気づいていた。そろそろ九十歳を迎える頃ではないだろうか。もしかしたら……そんな思いがよぎったのだが、一週間ほどしてから、先生の息子さんから「寒中見舞い」が届いた。

先生はホームに入ったため、年始の挨拶は今後失礼しますというもの。そしてとても丁寧な感謝の言葉が添えられていた。

あの名物先生は、生徒からも同僚の先生からも嫌われていて、でぶっちょのコワイ先生だった。まったくあの先生にはムカつく思い出しかない。でも、あの先生への意地が、今の手紙好きの私をつくってくれたし、ああいう先生があの時代にはいたなあ、と、今はしみじみ思えてならない。

昭和58年　■ヒット商品「キン肉マン消しゴム」「ワープロ」「家庭用アイスクリーム製造機　どんびえ」「入浴剤　バブ」

永遠のPOPS少年

冨貫功一（アートディレクター）

「バカンスはいつもレイン」の杉真理は男か女か

その歌声を聴いたのは、中学一年生になった1982年だった。グリコセシルチョコレートのテレビCM。当時人気絶頂のアイドル・堀ちえみが出演しており、映画『シェルブールの雨傘』をモチーフにしたようなコマーシャルでその歌声は流れてきたのだった。

「バカンスはいつもレイン〜」というキャッチーなサビのフレーズが、まだ女性アイドルどっぷりだったガキの胸にドスンと突き刺さったのである。そう、当時の言葉で言えば【ニューミュージック】。この衝撃というのは、三十年以上たった今でも鮮明に覚えている。その証拠に、アイドル以外で（笑）生まれて初めて自分のお小遣いで買ったアナログレコードが、このCMソングである杉真理の『バカンスはいつも雨（レイン）』だったのだ。

杉真理。CM画面の右下隅に小さく「うた／杉真理」と出ている。声はあきらかに男性なのに、「まりだと？」

地元にあった小さな小さなレコード店で、僕は店のおばあちゃんに

「あの……すぎまりのバカンスはいつもレインってありますか？」と訪ねた。

おばあちゃんは

「はいはい、すぎまりね、ちょっと待ってね」と、サ行の棚を丹念に探してくれた。

そしてそこに目当てのモノはあった。おばあちゃんが手渡してくれたドーナツ盤のジャケット、その右上に杉真理と入っている。さらにその上には「すぎまさみち」というルビが。「まさみち！」真理と書いてまさみち。やはり男性だったのだ……。

１９８２年に発表されたこのシングルは杉真理最大のヒット曲であり、その当時は知らなかったのだが、かの有名な『NIAGARA TRIANGLE Vol.2』（大瀧詠一・佐野元春・杉真理）も同年リリースされている。

魔法の力がCDにはある

マンガ家を夢見た中高生時代を経て、いつしかその夢は「グラフィックデザイナー」になることに変わっていった。そして東京の美大を目指し、美大受験予備校に通い、私立の美術大学に合格する。

大学では念願のグラフィックデザイン専攻へ。グラフィックデザインと一口に言っても、その中にはさまざまなジャンルが存在する。80年代当時はＰＡＲＣＯや西武などに代表される、「広告・ポスター」がグラフィックデザインの花形であった。だが、マンガに負けず劣らず音楽が好きだった自分には、そのときにはもうアナログから取って代わった「ＣＤ」ジャケットのデザインしか興味がなかった。

新聞なら一日、駅貼りならせいぜい一週間程度で捨てられ、次々に変わっていく広告ではなく、手元に残り、時には想い出までもが封じ込められてしまう「ＣＤ」というタイムカプセルに強く惹かれたのだ。

そう、自分がお小遣いを握りしめて買った杉真理さんのドーナツ盤を思い出すとき、そこには実家の

昭和59年　■一万円（福澤諭吉）・五千円（新渡戸稲造）・千円（夏目漱石）の新札発行

自分の部屋の匂い、レコード屋のおばあちゃん、テレビCMの堀ちえみ、自分が好きだったクラスの女の子、そんな周りの「空気」までが呼び起こされる。そういう魔法の力が「CD」には、ある。

椅子からころげ落ちそうになった夢のような出会い

『バカンスはいつも雨（レイン）』との出会いからおよそ17年。三十歳の僕はすでに社会人、グラフィックデザイナーとして働いていた。しかもレコード会社のハウスデザイナーとして、だ。念願のCDジャケットのデザインをする毎日を送っていたのである。

ある時、お世話になっていたディレクターから一本の電話が入る。

「杉真理って知ってる？ ジャケットお願いしたいんだけど」

僕は椅子から転げ落ちそうになった（比喩）。デザイナーをやっていて、こんなに嬉しいことがあっただろうか（いや、ない）。こんなことって、起きるんだな。その電話をもらった僕はまた、あの時お小遣いを握りしめてレコード屋に買いに行った光景を思い出していた。

杉さんの新作CDのジャケットデザインを、この僕が？ 喜びも束の間、とたんに緊張と恐怖が頭をもたげて来た。好きなアーティストだからこそ、失敗したくない、嫌われたくない、というプレッシャー。

打ち合わせ前にディレクターから話を聞くと、今回手がける作品は杉さん個人名義ではなくバンドスタイルであり、しかもそのバンドのメンツが錚々たる顔ぶれ。杉さんを筆頭に松尾清憲さん、上田雅利さん、伊豆田洋之さん他、ベテランアーティストのドリームチームのようなバンドなのだ。三十歳の若造が恐れ多くもこの方々の大切な子どもとでも言うべきCDのデザインをさせていただく緊張感。嬉しいのに胃が痛いという異常事態が杉さんにお会いするまで続くのだった。

そして初顔合わせの日。柔らかな笑顔で腰の低い杉さんは、年下の僕に対してもとても丁寧で優しく接してくださる、想像以上の素敵なジェントルマンだった。

『バカンスはいつも雨（レイン）』のエピソードをご本人に伝えると、杉さんはとても驚き、次に満面の笑みで僕の手を両手でしっかり握手してくださった。

こうして始まった杉さんとの初めての仕事は、まるでラヴレターのような、僕の愛情と熱量が詰まったモノとして形になり、とても喜んでいただけた。それ以来、杉さんのオリジナルアルバムを続けてやらせていただいたりライヴにもお誘いいただいたりと、とにかく大変お世話になったのである。

テレビに出ないのが「かっこいい」

80年代前半、杉さんをはじめ、大瀧詠一、佐野元春、浜田省吾、尾崎豊などは、みなテレビには登場しない新しいアーティストだった。それはまるで、お茶の間すなわちブラウン管に出て愛想を振りまくことがかっこ悪いとされているような、そんな約束事があるかのようだった。

ちなみに１９８２年はアイドル大豊作の年であり、小泉今日子、中森明菜、石川秀美、堀ちえみ、早見優、三田寛子など、「花の82年組」といわれ現在でも活躍されているまさにスーパーアイドルたちがテレビを席巻していた。テレビ＝アイドル、ライヴ＝ニューミュージック（ロック）というわかりやすい色分け

昭和59年 ■聖子ちゃんカット、明菜のポニーテール、小泉今日子の刈り上げカットなどを真似する人が続出

がされていたように思う。「ザ・ベストテン」にチャートインしても出演せず、黒柳徹子や久米宏が視聴者にお詫びをする画が「テレビに出ないのがかっこいい」という新しい価値観を僕ら若者にも植え付けていった。曰く「（一曲歌うだけの）たった三分だけでは自分を理解してもらえない、伝えられない」的な理由だったか。

僕が杉さんと出会った１９９９年、もうテレビに出る出ないという単純な話ではなく世の中は大きく変わっていた。レコードは、アナログからＣＤに変わっており、すでにＪ－ＰＯＰという言葉が浸透、インターネットが普及しはじめ、音楽を取り巻く環境は「ザ・ベストテン」だけでは括れない巨大なうねりとなっていた。

ちなみに１９８８年には、ＣＤの生産金額が過去最高の６０７５億円となっている。ミリオンセラーが連発し、カラオケが大流行。ＣＤデザインもパッケージは特殊仕様で「なんでもアリ」の時代に突入していた。音楽が大量生産、大量消費されていく時代の中で、ＣＤという「作品」は「商品」に成り変わった。

それでもその流れに抗い、良質の作品を創り続ける杉さんのようなアーティストとの奇跡の出会い。なけなしのお小遣いを握りしめてレコード屋へ走った遥か十七年前の自分にこの出会いを話したらさぞかし驚くに違いない。感謝。

世界は「松田聖子」と「河合奈保子」に分けられた、そこにときどき柏原芳恵

二人のアイドル

１９８０年４月、僕が小学五年生になった時にデビューした少女の髪型を女子たちは皆真似ていた。『裸足の季節』でデビューした彼女・松田聖子は瞬く間にお茶の間のアイドルとして大人気となり、小学生から大学生まで女子はこぞって髪型を「聖子ちゃんカット」にして休み時間には彼女の歌真似を披露していたものである。

そして同じく１９８０年６月、「西城秀樹の妹」というキャッチフレーズとともに河合奈保子が『大きな森の小さなお家』でデビュー。松田聖子とともにその人気を二分していた。ただ面白いことに、松田聖子は同性からも人気で歌や髪型も真似している子が多かったが、河合奈保子が大好き！という女子はそれほどいなかったような気がする。今思うに、松田聖子は同性から見て「友達」もしくは「憧れの先輩」的存在であり、河合奈保子はその豊満な体つき（健康的なイメージ）から「母性」を感じさせるところがあったのではないかという気がするのだ。松田聖子の「陽」に対して河合奈保子の「陰」（もちろん暗いという意味ではなく、どこか秘めたものがあるような、思慮深い印象という意味で）というか、いずれにしてもライバルとして両者引き立つ関係であったと思う。そして大事なことであるが、二人ともとても歌が上手い。楽曲も作詞作曲が錚々たるメンツであったりと、「クリエイティヴ」に関しては非常にハイレヴェルであった。

昭和59年　■「ピーターパン症候群（いつまでも少年のままでいたいという心理）」という言葉が広まる

そして自分は河合奈保子に一目惚れをした。おそらく無意識に彼女から「母性」を感じ取っていたのだろう。今でこそアイドルは「細くて華奢」なことが必須のような面があるが、当時の自分でも河合奈保子は松田聖子に比べ、ほんのりポッチャリした、マシュマロのようなイメージであった。けれど健康的でいやらしさを感じさせない体であり、むしろ彼女くらいの体型の方が魅力的に感じたものである。

いやらしさは感じなかったが、さすがに写真集を買った時は親にバレるのが恥ずかしくて本棚の後ろの方に隠してはいた（笑）。

ある時レコード屋「新星堂」に勤めている方と知り合いのご近所さんがいらっしゃり、僕は親伝手にお願いして「河合奈保子と握手ができる券」をいただいた。

よみうりランドにておそらくミニコンサートと握手会が開かれたのだろう。いとこのお姉さんが同伴してくれてドキドキしながら向かったことを覚えている。だがなぜか道中の小田急線のことは覚えているのに、肝心の「河合奈保子と握手した瞬間」の記憶が、見事にないのである。

河合奈保子の『中一時代』か松田聖子の『中一コース』か

当然クラスでも「聖子ちゃん派」か「奈保子派」に分かれ、お互いが相手を時にはディスり、時には認め合い、「ザ・ベストテン」や「夜のヒットスタジオ」などに出れば翌日はその話で持ちきり。新曲をすぐに覚えて振り付けも真似るという、とにかくその当時は皆「テレビ」と「アイドル」が全て、という時代だった。アイドルだけではなく「ドリフの8時だヨ！全員集合」と「オレたちひょうきん族」のどちらを観ているかでの争いもあったし、「太陽にほえろ!」や「大都会」など刑事ドラマも大ブームでケイドロにも熱が入ったものである。そして雑誌の『明星』と『平凡』。アイドル情報誌としてのこの二誌も欠かせない重要なアイテムであった。ネットやオフィシャルサイトなんてものがないこの時代、情報といえば「雑誌」「テレビ」「ラジオ」のみ。特に月刊誌に対する愛情・熱量は今の比ではないくらい、とにかく貪るように、何度も何度も読み、眺め、とても丁寧に扱い、「保存用」と「切り抜き用」に二冊購入というのも普通だった。

小学校六年になり、来年からついに中学生になる、そのころである。旺文社が発行する学年誌『中一時代』と、学研が発行する『中一コース』という学習雑誌が話題になった。『中一時代』の今でいうオフィシャルキャラクターが河合奈保子、そして『中一コース』が松田聖子だったのだ。

河合奈保子ファンの自分は当然『中一時代』を年間購読。学習雑誌の体裁をとりつつ、アイドル雑誌のようなそれはアイドルを追っかける貴重な情報源だった。

アイドルからアーティストへ、シングルからLPへ、子どもから大人へ

中学生になり、お小遣いも増えた自分はアナログレコードを買うようになる。シングルのドーナツ盤も買っていたが、LPサイズという大きさと「アルバム」という響きが、自分が少し大人になったようで嬉しかった。そして、学生鞄と一緒にLPを抱えて持つという「スタイル」がかっこいい!という、自意識過剰でカッコつけたがる中一、中二の時期ならではの痛さ。

昭和60年 ■国際科学技術博覧会「科学万博—つくば'85」開催。阪神21年ぶり優勝で大フィーバー

河合奈保子はアルバム・アーティストだと思い始めたのは四枚目のアルバム『SUMMER HEROINE』、そして五作目の『あるばむ』である。とくに『あるばむ』はA面の全てを竹内まりや、B面の全てを来生たかお・えつこが作詞作曲を手がけており、単なるアイドルではない、「アーティスト」としての存在感を知らしめた傑作だと思っている。その後河合奈保子自身、全曲作曲を手がけたりと、才能が進行形で花開くのだということを感じさせた。

ピンの正統派アイドルはいつのまにかグループアイドルに変わっていった

無邪気にアイドルを追っかけていたあの頃。今のようにアイドルが自分自身で自分の思いや考えを発信できるようなSNSなどまったくなく、だからこそその神秘性と手に届かない絶対距離感が存在し、ファンも一定の節度とマナーがあったと思う。もちろん、この頃から写真週刊誌もあったし、アイドルや俳優のプライベートを売り物にし、スキャンダルも昔から変わらずあったが。今のアイドルは、同じ人間じゃん！という「普通」「親近感」「会いに行ける」というのがあたり前になってきているが、80年代アイドルの持つ「雲の上の存在」感や「プライベートの謎」感などは、逆に今だからこそ必要なのではないかとも思う。

何もかも皆さらけ出しすぎなのだ。「秘すれば花」、というではないか。

そして不思議なことに今、アイドルといえばピンではなく、グループなのだ。ほぼ、アイドル＝グループという図式である。歌とダンスの需要。多様性や好みの細分化。集団の中に、自分の推しを見つけるという行為が楽しいようだ。80年代に流行った「赤信号、みんなで渡れば怖くない」（ツービート）ではないが、現在は突出した個性よりも、集団で魅せるパワー、いわば徒競走ではなくマス競技が歓迎されている。大人数で踊り、一人ひとりの顔は見えない。そういった状況の中で一人（ピン）で戦おうという圧倒的な存在感のアイドルが近年いない。世の中の見る目が厳しくなったのか、ピンで存在し続けるには難しい環境になっているように思う。グラビアアイドルや女優、タレントではなく、ピンの「正統派」アイドルの登場を待ちたい。

余談だが現在の天皇陛下（徳仁天皇）は、柏原芳恵の大ファンであった。

昭和60年 ■日本航空123便墜落事故（死亡者数は520名、令和2年の時点で世界最多の航空機事故）

猫も杓子も聖子ちゃんカット（上・先輩の卒アルより　下・小学校の遠足）

Jリーグの盛り上がりはなぜ起こったか……？

岸 秀穂（歯科医師）

ちょうど今から二十七年前の1993年5月15日、日本にプロサッカーリーグ（Jリーグ）が開幕した。

その後皆さんご存知のあの盛り上がりをみせるわけだが、なぜあそこまで盛り上がったのだろう……。

それにはさまざまな要因があったと思う。

その要因を、部活動レベルで十二年間サッカーに関わっただけの、スポーツジャーナリストでも何でもない、単に昭和四十四年生まれというだけの私が、自分勝手な解釈と視点で、好き放題に書きたいと思う。


昭和五十年代（1975）～六十年代（1985）サッカーはマイナーなスポーツだった

小学生の頃、夕方五時～六時って、何のテレビを見ていた？

自分たちの年代は（東京では）、4チャンか10チャンのアニメの再放送だったんじゃない？？ 巨人の星、侍ジャイアンツ、ルパン三世、サスケ、アパッチ野球軍など、掲げればきりがない。

そしてスポ根アニメは、だいたい野球だった。

なので俺は、当たり前のように野球少年だった……！（汗）

当時、サッカーはかなりマイナーで、「プロ」もないからゲーム中継もないし、スポーツとしてテレビで目にすることは、ほとんどなかった。（テレ東の「三菱ダイアモンドサッカー」という番組以外は（涙）！）

小学校時代に俺たちが「サッカーをやる」としても、秋になるとなぜか体育でサッカーの授業があった程度かな。

少年野球チームは、どこの小学校でもあったけれど、少年サッカーチームは、ないところが多かったような気がする。でもそれが、中学になると変わるんだよね〜。


サッカー人しか分からない当時の一体感？？


不思議と、ちょっと体育が得意な男子は、少年野球をやっていた子も、中学になるとサッカー部へ入る。

それは何故か？

そう、野球部は、坊主頭……。

サッカー部は、髪伸ばし放題!!

俺もその理由!!

頑張る動機は、「モテたい」「髪伸ばしたい」「シュートを決めたい」など、不純な理由だった……。

また、サッカー部にはなぜか不良も多く、試合で他校とトラブルになることも多かったなー。

その頃ぐらいからあの正月の高校サッカーが盛り上がってきて、サッカー少年の目標は「国立（競技場）」になるわけだ。

しかし、依然と「プロサッカー」はない……。

昭和60年　■女優・夏目雅子が急性骨髄性白血病により死去（享年27）

高校サッカーで活躍して、サッカーで大学へ行き、サッカー部のある実業団へ就職するのが、日本におけるサッカーエリートの道だった感じかな……。

のちに、その選手の方々が、Ｊリーグ創設に貢献するわけだが……。

カズ、飛び抜けた大スター！　まぶしかった

テレビのスポーツ番組は、プロ野球全盛だったけれど、年末のクラブ世界一決定戦、「ＴＯＹＯＴＡカップ」は、必ず国立が満杯になるのを見て、地下に潜むサッカーファンの熱い熱を感じたなあ。

そして、そのテレビ解説の特別ゲストに、あのカズが!!

年末の里帰り帰国のついでに小遣い稼ぎしてたんだよな～（笑）。

その時のカズは、ブラジルで「プロ」になっていて、サッカーファンの間では話題だったからね。

１９９０年、いよいよ日本にプロサッカーリーグ創設の気配が見えていた頃、カズが帰国。武田、ラモスらとともに読売クラブを牽引、ＢＳ放送も整備され、１９９０年イタリアＷ杯も予選リーグから放送され、テレビ・スポーツ紙にも取り上げられるようになってきた。

こうなると、地下に潜んでいたサッカーファンは一斉に動き出し、芸能人では、明石家さんま、とんねるずのノリさんらが、番組の企画で有名外国人プレーヤーとＰＫ合戦で対決したりして、だんだんとテレビでサッカーを目にすることが増えてきた。

そして、子どもたちの間でも、『キャプテン翼』以後ほとんどお目にかかれなかったサッカーマンガの『オフサイド』『シュート』などが連載され、少年たちにもサッカーの楽しさが知れ渡っていった。

一部メディアでは、サッカーのプロリーグ発足が取り上げられていたが、世間ではまだ知られていないことだった。

１９９２年になると、Ｊリーグに加盟する10チームも決まり、メディアでもサッカーが頻繁に取り上げられるようになってくる。

ブラジルに行った経緯

そんな中、俺は、今では絶対にあり得ないような貴重な体験をした。

叔父家族がブラジルに永住しており、「サッカーチームで練習させてあげるから来なさい」と言ってくれたのだ。

高校○年の一ヶ月間、夏休みを利用して俺はブラジルに行くことになった。

24時間の一人旅、ほとんど初めてに近い海外旅行で、到着した時は相当疲れていたが、叔父が言った言葉で疲れが吹っ飛んだ。

なんと、名門「コリンチャンス」の練習に参加できる、と言うではないか!!

叔父がブラジルに永住して三十年。築いた人脈を駆使して、頼み込んでくれたのだそうだ。

最初の一週間は、ジュニアオールつまり若手の練習に混ざり参加した。

昭和61年　■英チャールズ皇太子とダイアナ妃が来日。ダイアナファッションが話題にここでもJリーグ（創設？）のことは知られていて、「ジーコの調子はどう？」「カズの給料はどれくらい？」などといろいろと聞かれた。

その時、トップチームは、名古屋グランパスとのプレシーズンマッチで日本に行っており、ブラジルに帰国後、なんと俺はトップチームの練習に参加することもできた!!!

まあ、当然練習では、おミソ状態だったわけだが、彼らが日本から帰って来て最初の練習に、見たことのない日本の選手が混ざっていることで、「日本から連れてきた選手だ!!」とか「日本のプロ選手か？」とか、現地の人にインタビューされ、通訳で一緒にいた従兄弟が困っていたのを思い出す（笑）。

俺も最初は遠慮していたが、日本人は誰もいないし、しまいには開き直って「気持ちだけプロ」になったつもりで練習に参加し、見に来ていた子どもにサインまでして帰ってきたのだった……。

そして忘れることのできないJリーグが開幕

地球の裏側の国までにも、Jリーグのことは知られていて、その関心の高さには驚いた。

トップチームの選手と

年が明けて、１９９３年５月、ついに日本プロサッカーリーグ「Ｊリーグ」が開幕した!!

顔にペイント、フラッグとラッパ持っての応援、チケットはなかなか取れず、国立競技場は満員。

凄かったなあ。

冒頭に書いたことを繰り返すが、あらためて、あの盛り上がりは、なんだったんだろうか？

バブル経済が傾いていたが、まだまだ続くとちょっとまだ浮かれていた時代背景。それに乗っかった企業、そしてマスメディア。球技のプロスポーツは、完全に野球メインで、別のプロスポーツを人々が欲していたところに、一部の熱心な人たちの間で人気があったサッカーがターゲットとなった。分かりやすいルールもまたみんなに受け入れられた理由だろう。

そして選手たちのアイドル化、個性やルックスも、女性ファン獲得に大きく貢献した。

以前からのサッカーファンは、興ざめしてしまったが……（笑）。

しかし、これから先どんなプロスポーツが生まれたとしても、あの１９９３年の興奮と感動を超えることはないだろうと思う。

それは、世界の人々が一番愛してるスポーツがサッカーだから……。

昭和61年　■伊豆大島の三原山が噴火

ジュニアオールたちとの練習最終日

昭和61年 ■お嬢様ルック流行、リボン、マーメイドラインブーム。このころボディコンが登場する

夜更けのラリアット、暁のパワーボム

匿名（会社員・男性）

ある日、突然、深夜の非日常との出会い

１９９０年、平成二年。

私は美術大学の三年生になっていた。グラフィック専攻で、ゼミも始まり毎週のように出される課題（作品制作）に追いまくられ、昼夜逆転する生活を送っていた。

まだコンピュータが個人にまで出回っていない時代。当然イラストレーターやフォトショップなんてソフトもない。当たり前だが全て手作業のアナログ。例えばポスター制作にしても、タイトル文字をコピー機で色紙に手差し印刷したり、５パーセント刻みで文字を拡大・縮小し、それを切ってはペーパーセメントという専用糊を使って貼り込んだり。レタリングという授業では指定されたある欧文書体を烏口とガラス棒を使って定規でイラストボードに引いたりと、とにかく手間のかかる、裏を返せば誠に牧歌的な手作業を積み重ねていたものである。

そもそも「インターネット」という存在が、ないのだ。おそらく言葉すらも存在しなかったような気がする。今思えば、ネットがない頃というのは世の中シンプルで平穏な、それはそれで楽なライフスタイルだったんじゃないかなと思える。

そんなある日の深夜、私はいつものようにゼミの課題に取り組んでいた。切りのいいところで一息つ

いて、凝った肩を揉みながらなんとはなしにテレビをつけると、ブラウン管の中では（そう、まだブラウン管！）煌煌とした照明の下、「非日常」が繰り広げられていたのだった。

それは雄叫びを上げながら左腕を高々と突き上げたばかでかい白人レスラーが、ものすごい勢いで対角線にいる小柄な日本人レスラーの首をぶった切る様だった。

「プロレスかあ」ふと、その瞬間、小さな爽快感が自分の中に沸き起こったのを覚えている。

トラウマになっていた父親の足四の字固め

幼い頃、一緒に住んでいた祖父がよくテレビでプロレスを見ていたのをかすかに思い出す。隣では祖母が「もう、こんな血が出るような野蛮なもの見て」と文句を言っていたことも。

私は祖父のそばでぼんやりと、それを眺めていた。ブラウン管の中で、星条旗柄のショートタイツを履いていた日本人レスラーがサーベルを持ったアラブ人のような恐ろしい悪役レスラーに血だらけにされていた。正直、子どもが遊ぶ定番中の定番、プロレスごっこにはあまり興味がなかった。よく父親に「足四の字固め」をかけられて、あまりの痛さに大泣きしたことがあるせいかもしれない。だから、小中高とプロレスはほとんど見ていない。もちろん、ジャイアント馬場やアントニオ猪木は知っていたし、祖父と見たテレビの中で戦っていた二人がジャンボ鶴田とタイガー・ジェット・シンだったというのも後で知った。だが中学生の頃、マンガのキャラクターだったタイガーマスクが本当にリングに登場した時も、ほとんど記憶がない。中高時代、好きなスポーツはサッカー、趣味はマンガと音楽だった自分にとって、「プ

昭和61年■流行語「家庭内離婚」「プッツン（ちょっと変わってる、常識はずれ）」「テレクラ」

ロレス」はまったく眼中になかった。

そんな自分が、大学生になり深夜のテレビでたまたま見た「プロレス」に思わず釘付けになったのだ。プロレス。子どもの頃その言葉が「プロフェッショナル・レスリング」或いは「プロモート・レスリング」の略称だとはまったく知らず、ただ「プロレス」という固有名詞だとずっと思ってきた。「アマチュア・レスリング」に対して「プロ・レスリング」。しかし、同じレスリングでもその内容は天と地ほども違う。

「プロレス」は、両肩がマットについて（フォールされて）三カウントとられるか、ギブアップで勝敗が決まる。そして五秒以内であれば反則もOKなのだ。なんで反則がOKなんだよ！とそこで目くじらを立てるようなら、もう「こちら」の世界には入ってこれないであろう。

誤解を恐れず言うならば、「プロレス」とは「ショー」であり「エンタテインメント」であり、そして「芸術」なのである。もちろん、スポーツとしての基本中の基本である過酷なトレーニングやビルドアップは当然のことなので言うまでもないことだが、プロレスの試合をするということはそれ以上に頭を使う「クレバー」な「芸術表現」である。「試合」とはすなわち「ドラマ」と同義語なのだ。

「八百長」？否、プロレスとは、「生き様」である

よく「プロレスなんて、子どもっぽいね」「八百長でしょ」という批判（もしくは軽蔑）の声が聞かれる。

そもそも、八百長とは「各種競技で、あらかじめ勝敗が決まっており、それを真剣勝負のように見せかける」というものだが、それをそのままプロレスに当てはめることがナンセンスなのである（子どもっ

ぽいかどうかに関しては、個々人の主観に委ねるが)。

そう、プロレスはおよそ試合ごとの勝敗が決まっている、とされている。ファンも暗黙の了解というやつだ。ただ中には「ガチンコ」と呼ばれる真剣勝負が紛れていることもある。だが実のところ「プロレス」とは「勝負論」で片付けられるものではなく、それを遥かに超えた「芸術作品」として語ることだと思うのだ。先ほど述べた通り「プロレス」は「ショー」「エンタテインメント」と同じ世界の住人なのであればそこに「八百長」という低次元の話を持ってくること自体そもそも全く「見方」が違うのである。

ではどういう「見方」なのか。先ほども述べたとおり「試合」イコール「ドラマ」なのだ。たとえば筋書きのある「テレビドラマ」に対して「八百長だ!」とは誰も言わないであろう。ある一人のレスラーが、どのような試合運びをするか。その選手が仮に「勝つ」ことが決まっていたとして、ではどのような展開で「勝つ」のか。あるいは「負け」があらかじめ決まっていたとしてどのような形で「負ける」のか。

結末のみが決まっているがそこに至る過程は選手個人に委ねられている。しかもリング上の二人による「駆け引き」も含めて「ドラマ」を作り上げていくのだ。テレビドラマと違うところは、「勝つ」あるいは「負ける」までの過程においてそのレスラーの持つセンス(会場の湧かせ方、緩急、見せ場をどう創るか)と意地による自由演技が許される点だ。それによって「試合(ドラマ)」が面白くもつまらなくもなるのである。それがどれだけ「頭を使う」ことか。人気もあり試合も面白い選手はやはりそれだけ「クレバー」で「センス」があるのだ。

そしてもう一つの「見方」がある。それはその選手の「生き様」を追い続けられる面白さだ。プロレスの試合はメジャーであれば多いところで年間百試合近くすることもある。他のスポーツのように「何勝何敗」という記録ももちろんデータベースとして重要だが、それ以上に大切なのは「記憶に残る」かどうかなのだ。一人の選手をデビューから応援していくとしよう。最初はガチガチに緊張し、先輩選手にいいようにあしらわれ、技もたいして繰り出せず、五分十分で決着がつく。結果は「一敗」だが、そこから彼のストーリーが始まるのだ。極論を言えば「勝ち負け」はどちらでもよいのである。デビューした彼がどのようにして成長し、どういう「試合（ドラマ）」を見せてくれるか。プロレスファンはそこに自分の人生を重ね合わせ、のめり込んでいくのだ。

自分との戦いを教えてくれた二代目タイガーマスク

話を深夜のプロレス番組に戻そう。

合わせたチャンネルは日本テレビの「全日本プロレス」だった。故・ジャイアント馬場率いる老舗メジャー団体である。私が見たのは「不沈艦」スタン・ハンセンと故・三沢光晴（２００９年＝平成二十一年６月、試合中に心肺停止、四十六歳没）の試合だった。

ハンセンに何度も何度も叩きつぶされながらも、そのつど立ち上がりエルボーを顔面に叩き込む三沢。気がつけば私は身を乗り出して画面にかじりついていた。課題制作の疲労が、知らぬ間に吹っ飛んでいた。肉体と肉体の激しいぶつかり合い、痛みの伝わる技の応酬、そして倒されても血を流しても立ち上がる精神力。

「なんなんだ、これは？」

三沢光晴は二代目タイガーマスクであった。実はリアルタイムで私は二代目タイガーの活躍を観ていない。

平成二年のこの年、全日本プロレスからは天龍源一郎（今では滑舌を弄られる愛おしいキャラでバラエティにも出演されているが、当時はシリアスかつストイックな、絶大な人気を誇っていた）はじめ多くの人気レスラーが大量離脱。それに危機感を覚えた三沢は試合中に虎のマスクを脱ぎ捨て、三沢光晴に戻ったのである。後にこの時の映像を観たのだが、試合中、タイガーマスクがタッグパートナーの川田利明選手にマスクの紐をほどくよう指示している。アナウンサーは絶叫しながら「いったい何をしているんだ？　まさか？　まさか？」と煽りまくる。観客もヒートアップ。そして怒号のような「三沢」コール。素顔になった三沢の誕生により、この時から新生・全日本の伝説が始まるのである。

三沢光晴はこれ以降絶対的な全日本のエースとなっていくのだが、とにかくその不屈の精神力が凄まじい。何度倒されても立ち上がるところから「ゾンビ三沢」とまで言われ、大きな外国人選手相手に何度フォールされてもカウント2・9で肩を上げる。本人曰く「ああ、もうこのままカ

昭和62年　■マイケル・ジャクソンが後楽園球場で来日コンサート

ウント3が入って試合終わらせようかな、楽になりたいな」と心がくじけそうになるらしい。しかしすぐに「ここで自分の気持ちに負けたら絶対に後悔する」と、必ず立ち上がるのだ。この三沢の、ギリギリカウント3が入る直前に肩を上げる「カウント2・9プロレス」が全日本の人気をさらに押し上げてゆく。とにかくトップレスラーたちのどの試合も、お互い一歩も引かずカウント2・9の攻防が繰り広げられ、どちらが勝つかわからない激しくも美しい「磨き上げられた作品」のような試合が生み出されていくのだ。

プロレス者は語りたがる「人生とは何か」

深夜のプロレス放送、もっといえばそのときのハンセンと三沢の二人の「生き様」を目の当たりにした私はそのときからプロレスの虜となった。

同じゼミのクラスメイトにK君というおとなしく真面目な、どちらかというと「オタク」オーラを醸し出している学生がいた。なにがきっかけか忘れたのだが、そのK君がとてつもない「プロレスファン」だったことを知る。ゼミの飲み会で私とK君は、周りのゼミ仲間そっちのけで二人きりで「プロレス談義」に花を咲かせた。そのとき私はK君を講師として「プロレスの歴史」という授業をマンツーマンで教わっ

たのだ。力道山から馬場・猪木、そしてそこから幾多の団体が派生し、消滅し、どことどこの団体は同じ系譜で、どの選手がどこに移籍して、とプロレス四十年の歴史を一気に語り尽くしてくれたのである。そして主だったプロレス史に残る「事件」を解説してもらい、ますますプロレスという「得体の知れない巨大な何か」に魅了されてゆく。次第に自分でもその深くこじれた糸を解くかのようにプロレスの過去に遡り、調べ、選手の発した言葉の裏を読み、そして試合の中に答えを探そうとする。すでに試合とはただの「勝ち負け」ではない、選手それぞれのドラマを背負った「人生」の一端を垣間見る場となっていた。

そう、そこで感じたものとは。つくづく、「プロレス」とは「人生」である。喜び悲しみ。憎しみと愛情。人間の持つ全ての感情をリングにさらけ出す。そして相手は「対戦相手」だけではなく「観客」、そして「世間」。いかに自分を「ブランディング」するか。自分の見せ方・魅せ方を考え、立ち位置を考える。他との差別化を図る。それはレスラーに限った話ではない。どんな立場の人間でも当てはまるのではないか。だからこそ選手の生き様に自分を重ね合わせて熱狂してしまうことは当然のことなのである。

こうして知らず知らず、「プロレス」を観ることは「自分をそこに投影し、自分だったらどうするか」を無意識に考えることになる。プロレスファンはレスラーをリスペクトしつつ、そこに自分の考えを乗せて「語りたがる」のだ。

昭和62年 ■安田生命がゴッホの「ひまわり」を53億円で購入

優等生の羽根田くんから原稿が届いた！ びっくり

小学校の同級生で、羽根田くんという勉強のできる「出木杉くん」みたいな男の子がいた。羽根田くんとは中学校まで同じ学校だったけれど、町で一番偏差値の高い高校に進学した後のことはまったく知らないまま三十五年が経過していた。

同級生から羽根田くんの名前を聞いたとき、その響きに覚えはあった。きっとエリート人生まっしぐらなのだろうと、勝手に決めつけていた。同級生を通じて、この本のアンケートをお願いできないか聞いてもらい、その返事が来た時は「ああ、相変わらずとても真面目なんだな」と思い、お礼の一報を入れた。

それから数ヶ月後、

「せっかくだから、自分の半生を振り返ってみたよ」と、中国に住んでいる羽根田くんから「塞翁失馬」というタイトルのメールが届いた。

「さいおうしつば？？？うわ！すっごい長文！」

まさかこんなに長いエッセイが届くとは思ってもいなかった私は、少々困惑した。

「う〜ん、ほかの人の文章量と比べるとかなり多いな……、ザクっと削るかな」と、真面目な羽根田くんのことを思い出しながら読み進めた。そして、一気に読み終えて改めて

「いや、人生はなんともドラマだな！」

と、声に出していた。（少々長いが、面白いのでぜひこの先は読んでほしい）

塞翁失馬

羽根田 亮介

高校の先生の影響で「左翼的」思想に染まる

いわゆる世で「一流」と言われる大学に現役で入ったところまでは、私の人生は順風満帆だったと言えたのかもしれない。高校で興味を持った学部に入れたこともあり、大学に合格したころの私は、「これも勉強したい、あれも勉強したい」と燃えていた。

しかし、そこから私の人生は大きく変わった。

伏線は高校時代にあった。いや、さらに言えば、すでに中学時代に伏線があったと言っていい。中学時代の私は、いわゆる典型的な「優等生」だった。成績は優秀、先生の言うことはよく聞く、という生徒だ。学級委員も何度もやり、みんなを学校のルールと先生の言うことに従わせるのが自分の任務と考えている、そんな生徒だった。

高校も、その地域で最も入るのが難しい公立高校に入学した。しかし、ここから私の人生は変わり始める。この高校は、その当時珍しい、極めて「自由」な高校だった。つまり、校則というものがほとんどなかった。典型的なのが制服。この高校には制服というものがなく、みな私服で通学していた。自由なのは生徒だけではなかった。先生も自由だった。

普通、先生は「教育指導要領」に基づいて授業を進めるが、先生の中には、反体制的な学生運動が盛んだっ

昭和63年 ■世界最長の青函トンネル(58・85km)、世界最長の道路・鉄道併用橋の瀬戸大橋が開通。東京ドームが完成

た、俗に言う全共闘世代の先生が多かった。その一人である国語の先生は、授業で教科書などまったく使わず、自分で指定した新書や新聞記事などを教材にしていた。そうした教材には、往々にして、左翼的、反政府的な思想が含まれていた。

先生は、「中学や高校で生徒を校則で縛り付けるのは、企業にとって都合のよい、何でも言ったとおりにする人材を作り出すためなんだ」と言った。企業にとって都合のいい人材を作り出す工場のような場所に学校がなってしまっている、というのだ。

今から考えれば、学校が企業にとって必要な人材を作り出す、という面も当然必要だと考えるが、その当時の私には衝撃的な考え方だった。なぜなら、それまでの私は、学校のルールを守ることこそが正義だ、という価値観で生きてきたからだ。あの価値観は、この先生によって粉々に打ち壊されてしまった。

「真面目」というのは、ある意味恐ろしい。価値観が壊れれば、今度はその新しい価値観の方に突っ走る。しかも、当時の私はまだ高校一年生だ。まだ、自分の考えが確立しているわけでもないので、新しい価値観を植え付けるのは、白紙に字を書くように簡単だ。私はいつの間にか、「管理社会をぶっ飛ばせ」などと口走るようになっていた。

「やましさ」から、中国残留孤児支援ボランティアへ

今から見て思うが、教師というのは、子どもに考えさせるのが仕事で、決して特定の思想を子どもに

教え込んではいけないと思う。教師が悪い意味で生徒の人生を変えてしまうこともあるのだ。

さて、私はこの先生に影響により、大してわかっているわけでもないのに、思想は左傾化し、反体制こそは正義だ、と考えるようになっていた。

そんな時、私の友だちから中国残留孤児へのボランティアに参加しないかと誘われた。中国残留孤児というのは、第二次世界大戦中に、「満蒙開拓団」として、旧満州（今の中国東北部）に送られた人のうち、終戦前の混乱の中で、親と離れ離れになり、中国に残された日本人の孤児のことだ。日中の国交が回復した後、この中国残留孤児やその家族は、続々と日本に帰国していたが、小さいときに中国に渡っているため、日本語も忘れ、日本での生活でさまざまな援助を必要としていた。

私は、正直なところ、ボランティア活動にさして興味があるわけではなかった。しかし、これも若者特有のものだろう、「反体制的」な思想に染まっていた私は、口だけで反体制を唱えていることに一種の「やましさ」を感じていた。そして、「社会的な弱者」である中国残留孤児へのボランティアに参加することで、この「やましさ」を晴らそうとしていたのかもしれない。

今考えれば、まったく奇妙な動機だが、私は友だちの誘いに乗って、ボランティア活動に参加することにした。これが、私の人生を根本から変えてしまう始まりになるとは、当時はつゆほども思わなかった。

ボランティア団体のバックには新左翼の組織が

やがて、いわゆる「一流大学」に入学した私は、受験勉強から解放され、時間もできたので、一定の

昭和63年 ■「チンする（電子レンジにかけること）」「お局さま（社内をしきっている、口うるさい古参のＯＬをいう）」

時間をこのボランティア活動にそそぐことになった。ボランティア活動の主な内容は、中国残留孤児とその家族の方々、いわゆる「中国帰国者」に日本語を教えることだった。言語は、中国帰国者が日本で生活していくうえで、最も切実な問題だった。しかし、「反体制的」な思想にかぶれていた当時の私には、日本語教育の活動がなにか物足りなく感じられた。

そんな時、私をボランティアに誘った友だちから、「ボランティア活動を中心的にやっている人に、反体制的な考えを持っている人がいる。面白いから、会ってみたらどうか」と言われた。この友だちも、やや、「反体制」がかっていたのだ。

実際、この人と会ってみると、自分と非常に波長の合う考えを持っていることがわかった。この後、徐々にわかったのだが、このボランティア団体を設立したのは、いわゆる新左翼の一派で、この人もその一員だった。

新左翼というのは、簡単に言えば、現在の資本主義体制を打倒して、最終的には共産主義を目指しているが、日本共産党のような、議会で多数を占めて共産主義を目指すという路線を否定して、袂を分かった政治勢力だ。この政治勢力は、その後、四分五裂し、何十という組織になり、このボランティア団体を設立したのも、こうした新左翼の一派だった。一派と言っても、ごく小さな組織に過ぎない。

なぜ新左翼の考えに染まったのか？

私はその後、この新左翼の組織の考えに徐々に染まるようになり、疑問を感じながらも、最終的にはこの組織に加入することになった。なぜ、この組織に入ることになったのか？　今から考えれば、それは、私の悪い意味での「真面目さ」だろう。一つの理想が頭の中に出来上がると、それに向かって突っ走る。いい方向に向かえば、それが大きな力を発揮することもあるが、間違った方向に向かえば、とんでもないことになる。「反体制的」思想にとらわれていた当時の私には、共産主義という理想は、とても魅力的に感じられた。

そして、もう一つは、「人とのつながり」だ。私は特に大学に入ったころから、周りとのコミュニケーションがうまくいかないと感じていた。しかし、この組織の人たちは、みな親切で、いわゆる「いい人」たちだった。こういう組織の人たちというのは、皆、自分の生活を犠牲にして、貧しい生活をしながら、すべてを活動のために注いでいるという人ばかりだ。だから、「悪い人」というのはいないのだ。これが、自分を引き付けた部分であったのかもしれない。

思想と宗教というのは、目指す方向は違っていても、非常に似ているところがある。結局、心のよりどころを求めているのだ。

バブルの真っ最中に「資本主義打倒」を説く

こうして、私は大学に入ってから間もなく、新左翼の活動にはまっていった。はまったと言っても、何をやるわけでもない。

学生運動が盛んだった全共闘の時代のように華やかなデモや抗議運動をやるわけではない。やること

昭和63年　■光GENJIが人気、ヒット曲一位「パラダイス銀河」二位「ガラスの十代」三位「Diamondハリケーン」

と言えば、仲間を増やすことだ。共産主義を理想と考え、それを目指すために活動する仲間を増やすのだ。ある意味、宗教でいう布教のようなものだ。そのために、なぜ、今の資本主義は悪なのか、なぜ打倒しなければならないのかを、ボランティアに参加した学生に説く。中国残留孤児問題が生まれたのは戦争が起こったからだ。戦争は資本主義体制の必然の結果だ。だから資本主義体制を打倒しなければならない、というわけである。

まさに「木に竹を継ぐ」論理だ。しかし、共産主義の理想を信じていた私は、このような論理を学生たちに説いた。だが、当時は、まさにバブルのまっさかりの時代だ。資本主義を打倒すべきだとか、資本主義体制が続けば必ず戦争が起こるとか言われても、それを信じられる人はほとんどいない。むしろ、反発を招くことになる。

ボランティア団体の中でも、組織を設立した新左翼組織の人と、純粋にボランティアをしたくて入ってきた人との間で、頻繁にもめごとが起こり、ついには、ボランティア団体が分裂するに至った。

こうした反発や組織の中で、私は内心では、当然、悩み続けてきた。自分の理想を疑い、この組織を離れようと何度も考えた。しかし、離れられなかった。なぜか？　恐らく、外の人からは理解しがたいかもしれない。

動揺の末に組織からの離脱を決断

人間は、ある理想に捕らわれると、それを失うことは、とてつもない恐怖になる。私の中に、何度も浮かんだ言葉がある。「去るも地獄、残るも地獄」。もはや、ほとんどの人から受け入れられない思想を説き続け、反発を招き続けることは、地獄でしかなかった。しかし、これまで自分の心の中で核をなしてきた理想を失うことの恐怖はそれ以上のものだった。先ほど、思想は宗教に似ていると言ったが、理想を失うことは、信仰を失うのに似ているのかもしれない。

こうして、私の心は動揺を続けた。結局、この新左翼の「活動」を始めて十年近くたったある日、私は突然、この組織を離れる決意をした。この決断を最終的にするまで、これだけの時間がかかったのだ。

この時代は、私にとっては、「失われた十年」かもしれない。この組織にいた間、自分の自由な行動というのは、まったく認められなかった。娯楽というものがまったく認められなかったのだ。すべてを活動に注ぐことが求められた。活動と言っても、実際には、「布教」とその下準備のようなことだけをやっていたにすぎないのだが。

旅行にも行けず、好きなスポーツもできなかった。しかし、そんな時代が、ようやく終わった。終わったといっても、その時、私はすでに二十九歳になっていた。これから、どう生きていくのかを考えなければならなかった。

二十九歳、職歴ゼロで就職

大学に入学した当時は、勉強への意欲に燃えていた私だったが、大学一年の中盤あたりから、「活動」にのめり込んだ結果、ほとんど授業に行かなくなり、というか行けなくなり、試験だけは受けたので、かろうじて単位ギリギリで卒業はしたものの、就職活動はまったくしていなかった。

「活動」をやめた私は、二十九歳になっていたが、職歴はゼロだった。「活動」の間は、アルバイトで最低限の生活費を稼いでいただけだったのだ。このような人間を雇ってくれるところは果たしてあるのだろうか。就職活動もいっさいしなかったので、仕事の探し方もよくわからなかった。とりあえず、本屋の店先にある『Bing』などの就職雑誌を見て、仕事を探した。

そこで目を引いたのが、ある大手の学習塾が、不登校（当時は登校拒否と言っていた）の子どもを対象にした学習塾の先生を募集していることだった。活動をやめたとは言っても、やはり、「社会の中の弱者の立場に立つ」という理念めいたものから抜け切れていなかった（それが悪いこととは決して言えないが）。だから、その仕事が非常に魅力的に見えたのだ。しかも、自分は中学、高校の当時は教師を目指そうと考えていた。

そこで、ダメ元で、その学習塾の正社員に応募してみることにした。すると、意外にも、その学習塾から、

「面接に来てください」

という連絡があった。面接に行くと、大学卒業からの五年のブランクのことを聞かれた。うそではないので、ずっとボランティアをしていたと答えた。学習塾の側は、私の学歴を見て、いちおう世にいう一流大学卒なので、そのブランクをそれほど気にしていないようだった。大手の学習塾とはいえ、普通はそのような「一流大学」の人間は正社員として入社してくることは少ないようで、むしろ歓迎しているようだった。ただ、残念なことに、不登校の子どもを対象にしている学習塾の方は実際には募集枠はなく、

入社するなら普通の高校生向けの学習塾に配属されるとのことだった。私は少し失望したが、それでも、もともと目指していた教師に近い職業である上、他に選択肢があるわけでもなかったので、この大手学習塾に入社することに決めた。

想像と全く違った学習塾の仕事

入社した大手学習塾というのは、想像していたのとはまったく違った世界だった。

私は二十九歳まで活動に明け暮れていたため、ビジネスというものにまったく関わったことがなかった。というより、中身も理解せず、「ブルジョワジー」の世界として、敵視してきたのだ。

大手学習塾も例外ではなく、ビジネスそのものだった。要は、いかに生徒を増やすかが使命となる。

毎日エリアのマネージャーから電話がかかってきて、その日の入塾者は何人か、入塾の問い合わせは何人かを聞かれる。私は素朴にも、学習塾は生徒に授業をすればいいとだけ考えていたが、退塾者を絶対に出してはいけないということを知った。パソコンを使ったことすらなかった私は、見よう見まねで生徒を学習塾のイベントに呼び込むDMまで作ることになった。

学習塾の仕事は（その時の私にとっては）過酷だった。普通の会社と異なり、学習塾は夕方から夜が授業となるため、建前上は午後一時出社、夜十時退社だった。しかし、実際は、業務時間内に授業の予習をすることは許されなかった。それは、仕事前に済ませておくべきこととされた。そのため、本来、休む時間であるはずの午前中が予習の時間となった。

平成元年　■ 天才少女歌手・歌謡界の女王と呼ばれた美空ひばりが52歳で死去

また、規定上は週休二日のはずだったが、実際には、予定通りに休みを取ろうとすると、「そんなことしていていいんですか」と暗に休みを取らないように室長から圧力をかけられた。結局、週に一回しか休みを取れなくなった。まさに、今で言うブラック企業だった。私は疑問でいっぱいだったが、他の社員を見ていると、それが当たり前といったふうだった。この状態を疑問に思う自分が異常と思われているようだった。

そして、何よりも違和感を持つようになったのは、学習塾の目的が結局、子どもを大学に合格させることにあるということだった。「そんなことは当たり前ではないか」と思われるだろうが、私がもともと教師を志していたのは、子どもの人生に影響を与えられるようなことを教えたいと考えていたからだった（先にも述べたように、今なら、そのようには考えないが）。そのため、子どもを大学に合格させるという目的に、まったくやりがいを感じられなかった。

結局、過酷な労働条件と、やりがいの無さという二つが重なり、半年もすると、一日も早く学習塾を離れたいと考えるほどまで、心理的に追い詰められていた。そして、ボランティアをやっていた時に興味を持った中国語を極めるために、中国に留学したいという思いが芽生えてきた。

中国留学に突き進む

世の中の常識で考えれば、二十九歳にして職歴なしで正社員の仕事が見つけられたこと自体、奇跡であり、そのこと自体に感謝して、頑張って仕事をすべきだということになるだろう。それを、たったの半年で辞めたいなどと考えるのは、現実からの逃避でしかないと思うだろう。今の私が、同じようなことを考えている人を見たら、逃避だと考えるだろうし、仕事を辞めるのを止めるだろう。

だが、「活動」という浮世離れした世界にいた私は、世の中の「常識」というものがまったくなかった。二十九歳の無職でせっかく見つけた正社員の仕事をやめるということが、どれほど大きなリスクを伴うことか、ということを考える能力も知識も経験もなかった。そのため、気持ちは中国への留学という「逃避」の方向へ急速に傾いていった。

そんな時、久々に連絡した、中国留学経験のある、高校時代の部活の仲間から、こんな話があった。

「中国政府の奨学金留学生に会ったことがあるんだけど、あれは簡単に受かるらしいよ」

私からすれば、目からうろこだった。中国に留学するとした場合、ネックは金だった。「活動」に明け暮れていた私は、就職してからたったの半年で、当然、貯金がほとんどなかった。留学費用を何とか捻出しなければ、留学できない。ところが、もし、中国政府の奨学金制度に応募して合格すれば、学費も寮費も免除になる。私は、またしても「ダメ元」で、この制度に応募してみることにした。

不思議なことに、中国政府の奨学金制度には試験がなく、書類選考と面接しかない。しかも、合格率は半分以上だという。ただし、出身大学の先生二人以上の推薦状が必要となる。一人はゼミの先生が引き受けてくれたが、残り一人が難しかった。入学当時の担任が中国語の先生だったので、頼んでみたが、あっさり断られた。当時、「活動」に明け暮れていた私は、中国語の勉強にそれほど熱心ではなかったので、あまり印象がよくなかったのだろう。

とにかく、誰かもう一人の先生の推薦を取り付けなくてはならなかったが、何せ、大学では授業に行っていなかった私だ。懇意にしていた先生もいない。途方に暮れていたが、ふと大学一年の頃、まだ授業にまともに出ていた本当に初期の頃に受けた政治学の先生を思い出した。特に交流があったわけでもなかったが、授業の内容が印象に残っていた。そこで、この先生に思い切って推薦をお願いしてみることにした。すると、思わぬことに、簡単にオーケーしてくれたのだ。

今思えば、この先生が推薦状を書いてくれたことが、私の人生を大きく転換させてくれることになったのであり、どんなに感謝しても感謝しきれることはない。ちなみに、余談になるが、この先生は満州事変から日本の終戦までの時代を地道に研究している方だった。この先生のゼミに参加していた友人は、先生が酒を飲んだ時に

「自分と世の中の間に大きな川が流れている気がするんだよね」

と、自分の研究と世の中の隔たりを嘆いていたと言っていたが、それから二十年以上たった今、先生の書いた新書がベストセラーになっていた。このようなテーマを扱った本としては異例のことだ。私はそのことを知って、心から嬉しく思った。

「ただ」で中国留学する幸運を手に入れる

二人の先生の推薦状を取り付けた私は、面接を受けることになった。面接会場に行き、周りの人たちの話を聞いていると、多くの人が大学院などで研究をしている人たちであることがわかった。みんな緊

張した面持ちで、面接に備えて、研究内容などを必死に復習している。私は何の準備もしていなかったので、場違いな所に来てしまったと思った。

しかし、面接の順番が自分に回ってきて驚いた。何と、面接は三人ずつ行われたのだ。当然、一人に割かれる時間は少なくなる。私は、中国人の面接官から、簡単な中国語で何かを聞かれたが、その時は、それほど明確にわからなかった。

「理解できますか」

とゆっくりした中国語で聞かれたので、

「大体わかります」

と答えた。中国語のやりとりはその程度で終わった。続いて、私が参加していた、中国残留孤児のボランティアについて聞かれた。聞かれたのは、その程度だった。

学費も寮費も免除、おまけに幾分の生活費まで支給されるという奨学金制度なのに、試験もなく、面接もこんな簡単でいいのだろうか、と私はやや困惑したが、結果は何と合格だった。今考えると、この中国政府の奨学金制度は、まさに「穴場」だったのだろう。

こうして、貯金もほとんどなかった私は、たまたま友人がくれた情報により、ほとんど「ただ」で中国留学をするという幸運を手に入れることができ、二十九歳にして見つけた仕事から一年あまりで「逃避」することを実現してしまった。しかし、この常識はずれの「逃避」が、今から見れば、人生を切り開いたのかもしれない。

さて、この「逃避」の期間をどれぐらいにするかだが、私は当初、一年程度と考えていた。さすがに、二十九歳で職歴一年しかないとなれば、そんなに長く留学することは難しいと考えていたのだ。ところが、推薦状の件をかつてのゼミの先生に頼みに行ったとき、

「君、何を言っているんだ。留学するなら、たった一年程度じゃものにならんよ、五年ぐらい勉強する覚悟で行きなさい」

と言われたのだ。今、考えると、こんな無謀なことをいう先生は、この先生ぐらいしかいなかったかもしれない。しかし、この一言が、私に大きな影響を与えた。結局、私は、五年は留学しなかったが、三年近く、留学することになる。そして、先生の言う通り、一年程度どんなに必死に勉強しても、言語がものになるところまではいかないことを悟った。

中国に留学が決まり、ワクワク

中国留学が決まってからの私は、これまでの人生にないぐらい、ワクワク状態だった。とにかく、大学に入って約十年もの間、すべての時間は「活動」に捧げられ、自由に遊ぶことも、スポーツをすることも、旅行をすることもできなかったのだ。ある意味、修行僧に似ていたのかもしれない。それが、初めて外国で生活し、自分の思い通りに学び、生活できるのだ。

留学先には、ある内陸部の大都市を選んだ。「中国永住をすでに決めた」というほど中国にのめり込んでいた友人の誘いがあったのと、日本人がやたらと多い北京や上海より言葉を勉強する環境がいいので

はないかと考えたからだ。

今考えると、この友人の影響は大きかったかもしれない。なぜなら、この友人の影響で、私も中国にずっといることが普通のことと考えるようになり、留学が終わったら、日本に帰ろうとはまったく考えなくなっていたからだ。実際、この後、一時的に日本に戻ったことはあっても、ほとんどの時期を中国で過ごすことになった。

留学してからの三年弱の時間は、私の人生の中でもかなり幸福な時期だったかもしれない。当時の中国は、まだまだ経済発展の初期だったので、生活上、不便な面が多かったが、そうしたことも含め、とにかくすべてが新鮮で楽しかった。

中国語の勉強に没頭、中国中を旅する

平日は毎日、六時間程度の授業があったが、私は少しの時間も無駄にしたくなかったので、平日の授業が終わった後も、週末も、ひたすら中国語を勉強した。地元の新聞を買ってくると、知らない単語をすべて○で囲んだ。最初の頃は、ほとんどが○で囲まれることになったが、それをすべて辞書で調べまくった。それから、つてを辿って、中国人学生と友だちになった。中国のドラマや映画、ニュースなどを見まくった。

こんな話をすると、「活動」をしていた頃の禁欲的な生活と、結局変わらないではないかと思われるかもしれないが、私にとっては、勉強もすべて楽しい時間だった。なぜなら、自分で心からやりたくてやっていたからだ。だから、まったく苦にならなかった。

夏休みや冬休みは中国の各地も旅行した。チベットやウィグル自治区にも行った。貧乏旅行だ。当時は、今のような高速鉄道はなかったので、ウィグル自治区のウルムチに行った。シート席だといいのは、周りの中国人と話ができることだ。何十時間も一緒にいれば、いろいろな話ができる。この時に、中国語が随分鍛えられた。泊まるのは数人でひと部屋のドミトリーだった。当時、大体二十元（約三百円）程度が相場だったので、非常に安かった。このような旅行だったので、お金のない私でも、いろいろなところに行けたのだ。これほど自由に旅行したのは、人生で初めてだった。

こんな生活をしながら、私の中国語のレベルはどんどん上がっていき、留学から一年半あまりたった頃に、「高級」と言われるレベルのＨＳＫ10級に達していた。私の留学していた大学の留学生で、このレベルに達していたのは、私の知る限り、「中国永住を決めた」と言っていた私の友人と、もう一人だけだった。

三十三歳にして、職歴わずか一年で職探し

結局、三年近く留学した私は、いよいよ仕事を探すことになった。この時、私はすでに三十三歳になっていた。三十三歳で職歴はわずか一年。しかも、中国で仕事を探すとしたら、ほとんどは製造業なので、学習塾での経験は何の役にも立たない。実質職歴ゼロだ。二十九歳の職歴ゼロで仕事を探した時より、条件はより厳しくなったと言っていい。ただ、唯一違うのは、ＨＳＫ10級を取得した中国語だ。これだけを武器にするしかない。

しかし、私の場合、中国で仕事をすることを志していたので、その場合、「現地採用」という待遇になる。

現地採用というのは、本社から出向している駐在員とは、待遇も立場もまったく異なる。給与は、上海などの人気の都市で、月一万元（おおよそ十五万円）を切る程度、人気の落ちる深センなどの南部の都市で一万五千元程度（おおよそ二十三万円）とされていた。社会保険はなく、賞与も現地の社員と同じで年一回、一ヶ月分が普通だった。つまり、基本は現地の社員と同じ扱いで、日本人であることを考慮して、給与はやや高くなっている程度だった。立場も、管理職として出向しているほとんどの駐在員とは異なり、一般社員扱いであることが多い。

現地採用者はこのような位置づけのため、一般には、企業は中国留学した後の若い社員を雇用する場合が多い。雇われる側も、中国留学の後、中国で現地採用者となり、たとえ待遇が悪くても一定の経験を積み、それから日本で就職するという道を選ぶ人も多い。

このような状況なので、企業としては、当然、まずは中国語ができる若い人を求める。中国留学者がいくらでもいる時代に、私のような、すでに三十歳を大きく過ぎた、しかも職歴のほとんどない人材など、たとえ中国語ができても、採用する理由などないのだ。

そのようなわけで、職探しは簡単ではなかった。ところが、ある日、人材紹介会社から連絡があり、ある大手メーカーが面接をしたいと言っているという。このメーカーは、若い人材を欲しがっているとのことで、私とは面接する気はないとの話だったのだが、深センの中心から外れた工業団地にあることもあり、なかなか若い人が見つからないため、ある意味、仕方なく私と面接するとのことだった。私はとりあえず面接に行ってみることにした。

面接に行くと、面接官が、

「うちは日曜日の出勤もありますが、それでも大丈夫ですか」

と言ってきた。それ以外に何を話したか、あまり覚えていない。もう、この一言で、気持ちが萎えてしまった。学習塾という「ブラック企業」(当時、そのような概念はなかったが)を経験した私は、もう二度とそのような経験はしたくなかった。

結局、相手方がどう思ったかはわからないが、私の方から人材紹介会社に、この会社を辞退する旨を伝えた。こうして、私は現地採用とはいえ、大手の会社に就職する機会を自ら捨ててしまった。

接待漬け日本人の代わりに現地採用される

その次に面接することになったのは、中国南方の都市にある中堅の日系部品メーカーだった。「HSK10級以上」の人を募集しているとのことだった。このような会社は極めて珍しい。普通は、HSK6級程度が募集の基準とされるのだ。それぐらいのレベルがあれば、いちおう、中国人との会話は成り立つのだ。HSK10級と言えば、取得している人は極めて少ない。こうして、「年寄り」の私にチャンスが巡ってきたわけだ。

面接に行くと、会社の日本人総経理(現地法人の社長)が自ら面接に出てきた。途中から中国語で「中国語がWTOに加盟しましたが、これについて、あなたはどう考えますか?」と聞いてきた。私はその場で思いついたことを中国語で答えると、総経理は、

「あなたの中国語に対する情熱が感じられる回答でしたね」

と言ってくれた。結局、この会社では私の職歴はまったく問題にされず、中国と中国語に対する情熱、ということを買ってくれたようで、採用が決まった。おそらく、このような中国語に通じた方が面接官でなかったら、私が就職するのは難しかったかもしれない。

こうして、私は三十三歳にして現地採用という不安定な身分で中国で働くことになった。私の最初の仕事は、工場の修繕などの工事の発注先を決める仕事だった。私は後になって、この仕事が私に与えられた理由を知った。私の前にこの仕事を担当していた日本人が、工事業者の接待漬けになっていた。そのため、工事の価格は高くなり、会社に損害をもたらしていたのだ。ところが、その日本人は、業者に車で送り迎えもさせていたために、たまたま中国に出張していた本社の社長に現場を見られてしまった。そして、このような状態を改善するために、新たに日本人が採用されたのだ。

私はそのことを知ったので、とにかく、業者と会食などの接触はいっさい持たないようにしていた。そのようにしたせいか、工事の費用は会社の期待する程度に抑えられていたようだ。それで信頼を得られたのか、半年が過ぎると、私に新たな仕事が託されることになった。それが消耗品の購買だった。

中国での購買業務にまつわる「腐敗」

消耗品というのは、主には「治具」と呼ばれる、電子部品を固定したり並べたりするのに使う部品や、設備の部品などだった。特に、電子部品の加工に使う治具というのは高い加工精度が要求されるので、

平成2年　■宇宙探査機ボイジャー1号が初の太陽系の写真を撮影

決して安くない。これをより安く購入して、原価を低減するというのが私のミッションだった。

私はまず、それまで購入されていた治具や部品の見積もりを、今取引している業者以外の業者から取ってみた。すると、驚いたことに、多くの製品の価格が、今まで購入していた価格よりも遥かに安かったのだ。最も差が大きいものでは、五分の一程度だった。私は購入業者をどんどん変えていった。その結果、消耗品全体の購入コストが大幅に下がった。消耗品といえば、原材料ほどのインパクトはないが、それでもかなりの金額なので、会社からは当然喜ばれた。

では、なぜこのような価格差が生じたのか。仕事をしていてわかったことだが、中国というのは癒着社会だった。購買担当者や工事担当者と言えば、業者から高額のバックマージン（賄賂）をもらい、その見返りとして、市場価格を遥かに上回る価格で製品を購入する。こうして、会社の資産を食い物にしていく。価格がこんなにも下がったのは、前担当者と業者の癒着によって価格が異常に高くなっていたことによるものだった。

その後、中国で仕事をしていて、中国人から「会社で何を担当しているのか」と聞かれたとき、「購買」と答えると、誰からも「羨ましい」と言われたが、それは、購買の仕事＝バックマージンで稼げる仕事、というのが、中国人の間では常識になっていたからだった。

実際、私にもアプローチしてきた会社があった。私が新しい工場建屋の建設を担当していた時、セントラル空調を取り付けることになった。費用は日本円にして数千万に達する。私は日系二社を相見積もりして、業者を決めることにした。業者を最終的に決めようかという時、一社から「十万元（当時で約二百万円）を渡すから、うちに決めてほしい」という連絡が来た。私は価格をすでに比較したうえで、その業者に発注することをすでに決めていたのだが、「そんな余裕があるなら、その分、さらに価格を下げてください」と言い、さらに安く発注できることになった。その時、その業者から、「あなたはばかだ」と言われた。中国の常識からしたら、このようなバックマージンを受け取らないなどということは、ありえないことなのだろう。

他にも、業者から「あなたの口座番号を教えてください」と連絡があった。教えたら、バックマージンを振り込むということだ。

これが中国なので、私の前任者が泥沼にはまっていったのもわかる。よほどの自制心がなければ、簡単にこの文化に染まってしまうのだ。

後で知った、私が採用された本当の理由

こうして、消耗品のコスト低減によって、それなりの評価を受けた私は、採用から一年後に本社採用となった。先ほど、現地採用者の待遇や立場が、本社採用者、つまり出向者とどれだけ違うかと書いたが、それだけに、現地採用者が本社採用になるのは極めて難しい。そのような変更自体を考えていない会社も多い。その意味では、やっとのことで仕事を見つけた私が、わずか一年で本社採用になったというのは、今考えれば、幸運としか言いようがなかった。しかし、実際には、ここから私は追い詰められていくことになった。

これも後からわかったことだが、現地のトップである総経理は定年が間近になっており、会社は後継者を探していた。面接で中国語でも私に質問をしたこの総経理は、中国語も達者で、地元政府との交渉、関係作りも自ら行っているという稀有な存在だった。そのような経緯から、会社では、この総経理と同じように、地元政府と関係作りができるレベルの中国語ができる人材を求めていたようだ。それが、「HSK10級」という、極めてまれな採用条件の理由だった。つまり、私は驚くべきことに、将来の総経理候補として採用されたのだった。

採用されて、二年ほどたつと、このことが私に伝えられるようになった。考えてみれば、無謀な話だ。私は学習塾で一年働いたのみ。この会社で作っている電子部品の知識がないのはもちろん、営業や製造の経験もなく、経理の知識があるわけでもない。ただ、購買のほんの一部である消耗品の購買の経験があるだけだ。しかも、中堅の会社とはいえ、製品は人海戦術で作るので、工場には五千人もいる。日本人の出向者も、皆、数十年の勤務経験がある人ばかりだ。そんな中で、中国語ができるというだけで総経理ができるわけがない。

しかし、会社は、そのようなことはあまり重視しておらず、地元政府対応をしてくれ、業者と癒着などもしない人でさえあればいいと考えていたようだ。

異常な「出世」で追い詰められる

結局、私は、採用からわずか四年足らずで董事長兼総経理（現地法人の会長兼社長）にされてしまった。

普通なら喜ぶべきことなのかもしれないが、私はまったく喜べなかった。職歴一年のみで現地採用で入った人間をたったの四年足らずで総経理にする会社など、おそらく中国中探しても、他にはなかっただろう。それほど異常な人事だと言えた。

私が欲しかったのは、地位ではなかった。それより、いろいろな業務を経験し、もっと多くのことを学んで成長したかった。しかし、この異常な人事によって、このような私の成長への願望は逆に断たれてしまった。

案の定、総経理としての業務は極めて奇妙なものになった。製造、営業が何たるかさえ知らない私は、当然のことながら、何の指示も出すことができない。私はただ、政府絡みの対応だけをする、名ばかりの総経理になった。何の経験も知識もないのだから、そこから抜け出しようがなかった。自分に何の存在意義も見いだせなかった。

こうして、私は、総経理という、あまりにも高い地位と、現実とのギャップに苦しみ、精神的に追い詰められていった。そのうち、ストレスで帯状疱疹になってしまった。そんな状態になり、自分を現地採用から総経理にまでしてくれた会社からの「転職」を考えるようになった。

理由を理解されない中で、転職を決意

この頃、私は三十八歳になっていた。仕事を探すのはますます困難になっていた。なぜなら、職歴に「総経理」という肩書は書けても、中身は何もなかったからだ。そうでなくても、「三十五歳転職限界説」と

平成3年　■東京都港区芝浦に「ジュリアナ東京」オープン。渋カジ族、60年代リバイバル（ベルボトム／厚底靴人気）

いうのもあり、もともと転職自体が困難な年齢なのだ。

ところが、仕事を探してみると、それでも何社かは面接をしてくれる会社があった。そのうちの一社は、日本の本社で中国語を使う仕事とのことだったが、面接した結果、将来的に中国に出向させてくれることを約束してくれた。

私は転職を決意した。

私の退職の意思を聞いた本社の社長は驚いたようだ。恐らく、「現地採用から、総経理にまでしてやったのに、辞めるとはどういうことだ。裏切られた」と思ったに違いない。しかし、人の心というのは、待遇や地位だけで動くだけではない。最も大切なのは、人の「成長したい」という願望を満たすこと、人が仕事の中で、「自分はこの会社の中で存在意義がある」と感じられるようにすることなのだ。しかし、私の苦しみはついぞ会社に理解されることはなかった。

私のその後

その後、私は転職し、再び中国の別の都市で働くことになった。それからは、それまでよりずっとやりがいを感じながら働くことができたが、私生活を含めて波乱万丈の出来事があった。ただ、残念ながら、現在進行形のことを今ここに書くことはできない。この続きは、私が定年になり、会社との関係を気にすることがなくなったときに、また書くことにしたい。

「人生万事塞翁が馬」——人生の大きな失敗が思わぬ幸いをもたらすこともある

今、私は中国でこの文章を書いている。

これまでの日本と中国という二つの国にまたがる人生は山あり谷ありだった。これからもまた、山や谷を経験するのだろう。

しかし、中国にはこのような故事成語がある。「塞翁失馬、焉知非福」。日本では、「人生万事塞翁が馬」と言われている言葉だ。人生何が幸いするか、わからない。世に言う「一流大学〜一流企業」というレールから私は大きく外れてしまったが、それが結果的に、私の人生に欠かすことのできない、中国という国と中国語という言語との縁を作った。

だから、「塞翁失馬、焉知非福」という言葉は、まさに身をもって、その通りだと感じる言葉なのだ。もし今、「自分は人生で大きな失敗をしてしまった」と考え、立ちすくんでいる方がいたら、この中国の故事成語を思い出してほしい。その失敗が、将来には思わぬ幸いをもたらす可能性があるのだということを。そして、その幸いは、過去の失敗によって立ち止まらないあなたの行動によってもたらされるのだということを。

＊「塞翁が馬」という故事成語はよく「人間万事塞翁が馬」という使われ方をします。この「人間」は「にんげん」ではなく「じんかん」と読みます。中国語の「人間」には日本語のような「人」という意味はなく、「人間の住むこの世・世の中・世間」という意味があるそうです。「人生万事塞翁が馬」と「人間万事塞翁が馬」。後者のほうを一般的に使うことが多いようにも思えますが、「人のいる空間」ということを「人生」と言い換えた言い回しが正しいと言えるでしょう。

平成3年　■テレビドラマ「東京ラブストーリー」「101回目のプロポーズ」が主題歌とともに人気

「バーディ」「チ・ン・ピ・ラ」「生きる」ラストシーンを観よ！

田代　美恵

「バーディ」

ゴルフはやらない。そっちのバーディーではない。「鳥」になりたいと思い続けた青年の話だ。

中学生から約十年間、小説と映画に浸かっていた。現実逃避したかったのだろう、その世界に埋もれて暮らしたいと思っていた。友だちになった人には必ず「オススメの映画・小説」を聞き、その人の世界観を知りたがった。年頃の私たちは、「オススメ」なんて訊かれると、ちょっとカッコつけて同年代が知らないような作品を紹介しようとする。

友人から紹介された『バーディ（１９８４年・米）』に出会ったのは、この作品がすでにビデオ化されていた頃だった。ベトナム戦争でのショックから精神病院に入れられ、心を閉ざしてしまった青年と、彼を立ち直らせようとするベトナム負傷兵の青年との心の交流を繊細に描いたこの作品は、シリアスな展開の中にもユーモアがあり、青春のページを回想しているシーンは笑いながら涙が出た。そしてラストシーン、ついに鳥になって屋上から羽ばたくバーディの姿が、画面から消える。ああっ。若い頃のマシュー・モディーンとニコラス・ケイジが絶妙な関係を演じている逸作であった。

筆者所有のVHSビデオより

「チ・ン・ピ・ラ」

バーディと同じ年にこの映画は生まれた。そして私がバーディと出会った頃に、この映画にも出会った。同脚本・金子正次／監督・川島透の『竜二』との出会いも同じ頃だった。

『竜二』を作ったあとすぐに、金子正次は亡くなった。街の喧噪が消え、肉屋に並ぶ妻を見ながらヤクザの世界に戻っていく竜二のせつない背中は、子どもから大人になりかけていた私にとって、だいぶ背伸びをした映画だったと今は思う。なのに一生心に残る映画であった。

『チ・ン・ピ・ラ』は『竜二』よりも軽い気持ちで観られた。柴田恭兵はこのあと『あぶない刑事』になるのだが、ワルの演技が（今っぽく言えば）キュンキュンするほどセクシーだった。矢沢永吉と「キャロル」というバンドを組んでいたジョニー大倉も、あの時代のロックンローラーがチンピラと同類のように思われていた雰囲気を見事に表現していて、三枚目っぽくカッコイイのだ。冒頭のシーン、昭和の渋谷スクランブル交差点。タイヤの音を鳴らしながらカマロが走り抜ける。サングラスに白いスーツ「ヘイヘイそこの彼女！」と柴田恭兵が言うと、ポニーテールの女子たちが「あっかんべえ」をする。「さむっ」と思うそんなシーンですら、愛おしい。もしも、この映画を今、五十歳になって初めて観たら、あんなに胸の奥を掴まれるような気持ちにはならなかっただろう。あれは、大人になりきれない若者だけが感じられる胸の痛みだ。

筆者所有のVHSビデオより

平成4年　■バルセロナ五輪水泳で14歳の岩崎恭子が金メダル獲得

高校を卒業したばかりの私が、なぜ極道映画や任侠映画にハマったのかはわからない。ダイエット中の女子が今時は「大食い動画」をユーチューブで観て、食べた気持ちになって我慢しているというのと似た感覚なのかもしれない。たぶん社会に反発したい思いを溜め込んでいたのだろう。

そういうところが嫌いな人もいるかもしれないが、私は水戸黄門や遠山の金さんみたいに悪者が成敗されてハッピーエンドになる映画が好きだった。というと極道映画が好きという心理と真逆のことを言っているようだが、私の中ではなにか同じような「スッキリ」感があったのだろうと思う。そういう意味で『チ・ン・ピ・ラ』のラストシーンが、大好きだ。なんとも言えない爽快感がこみ上げる。

「生きる」

そんな青春時代、とんでもなく「やられた」のが、黒澤明監督の『生きる』だった。昭和二十七年のこの作品は、若い女子がお気に入りにするような作品ではないのかもしれないが、観たことがある人は、「やられた」の意味がわかると思う。十代でこの映画に出会えたことで、私はその後ゆがんだ世界に入らずに済んだのかもしれない。多感で、先が見えなくて、そして世の中を舐めていた私の背筋をシャンとさせてくれた映画だった。

筆者所有のDVDより

そして私はこの頃から、「手に職をつけたい」と思うようになった。大学に進学してそれなりの会社に就職することが一般的な勝ち組のレールのように思われていた時代だったが、なにかを作る（創る）仕事をしたいと強く思うようになった。後悔しない人生を歩むためには、自分で生きていく何か「力」が必要だと思い、今もなお、そう思い続けて力を磨いている。

小さな公園、ブランコに乗って「命みじかし」を唄う志村喬。「世界のクロサワ」は、「表現者は人生を変える力がある」ことを教えてくれた。

この三つの作品に共通して言えるのは、どれもラストにドキリと心を揺さぶる完成度だと思う。同じ世代の皆さんはとっくに見たかもしれないけれど、もしまだ観ていない十代の人がいたら、ぜひ一緒に観て、ラストに思い切り笑って泣いてほしい。もちろんネタバレはしないで！

金曜ロードショー（故水野晴郎）のパクリでお伝えします。

「いやぁ、映画って本当にいいですね〜」

平成4年　■歌手の尾崎豊が突然死（享年26）。人気バンドチェッカーズが解散

みなさんから投稿された『そういえばこんなこと思い出した』エピソード集（1）

●デビルマンで**くしゃみをすると顔が崩れる**女の子が印象的だった。
●デパートの地下食品売り場には、量り売りの**お菓子の回転ワゴン**が必ずあった。
●熊がシャケを咥えた木彫り、こけし、フランス人形、博多人形、のどれか一つは各家庭にあった。
●小三で初めて**キウイ**を食べた。同じ頃**バナナジュース**を初めて喫茶店で飲んで感動した。
●土曜日のお昼時にジェリー藤尾夫妻が司会の「**笑って笑って60分**」という番組で、音楽が終わるまでの制限時間内に母親が裸でスタンバイしている子どもに雪だるまと見間違えるほど重ね着させ、その服を貰えるコーナーが印象的だった。
●入社式の際、入社祝いとして贈呈されたのが**純金の名刺**だった。（平成元年）
●奥さんの体重と同量の品物を選び、秤がつりあえば獲得できる**レッツゴー三匹**の「**目方でドン**」という番組が好きだった。何も用のない休日に見ていた。
●アイドルのプライベート風のセリフなどが録音されている、赤や青のセロファンのような半透明の柔らかい付録のレコード（**ソノシート**）が懐かしい。
●小学校時代は三年間週五で朝晩練習して、**吹奏楽で東日本大会**に出場。
●六年生で**渓流釣り**にはまり、友だちと毎週土曜日に始発電車に乗って埼玉の川に通った。

●中学は何かと目立つからと**イジメられ**、悔しくて勉強三昧。

●とにかく幼稚園が大嫌いで、歌を歌っている時に二階の教室から抜け出した。一階に降りたらすぐに園長につかまり、廊下に立たされた。**廊下立たされ**初体験は五歳。

●中学後半から**DCブランドブーム**みたいなのがあって、ラフォーレ原宿や竹下通りに友だちと買い物に行き出した。

●**交換日記**を一度に七冊も抱えてやっていた。

●小学校の時、クラスのほとんどの女子が「**なかよし**」か「**りぼん**」（共に少女漫画雑誌）を読んでいた。

●近所の駄菓子屋さん、少しのお小遣いで買いに行くお菓子は最高でした（**駄菓子が大好き**）。

●近所に友だちがいなかったので、遊びは専ら自転車。**6段ギア**の自転車が嬉しかった。

●バブルの頃は**コンパニオン**や派遣のバイトで高いバイト料をもらえた。

●**兄二人とも年が離れて**いたので、比較的親の手伝いをよくしたかも。
小学校時代から友人関係・人間関係に悩む早熟な子どもだった。

●子どもの頃はとかく意味不明の行動をする。小さい頃、鼻水垂らして土管に足を突っ込んでいるオレは、何をしたかったんだろう。

●学校で散々しゃべった子と、帰り道の別れ角で立ち話をし、帰宅後また**長電話**をしていた。

平成4年　■アニメ「美少女戦士セーラームーン」が人気

こんなキョーレツな鼻水の子どもはたくさんいた

●日曜の「**カルピス劇場**」はアンデルセン物語、ムーミン、ハイジ、フランダースの犬などが放送されて毎回楽しみだった……カルピスのCMも好きだった。

●民放は「**ゆく年くる年**」を全局同時放送していた。

●近所に巨大ショッピングセンターがあり、そこの駐車場が**ドライブイン・シアター**になっていて（現在は無し）「ブッシュマン」を観ました。

●中学の修学旅行の**黒部ダム**に行った時、水筒にお酒入れて飲んだりして、その後、旅館の人にお茶を入れてもらったけど、水筒が酒臭くて、ばればれだったろうな、と思ったことを思い出しました。

●小学生時代、**便箋集め**にはまっていた。気にいった物を友だちと一セットずつ交換していた。（シールやメモ用紙の交換もあった）

●女子高だったので街で**男の子の集団が歩いてくる**とドコを見たらいいかおろおろしていたなぁ。

●小学生の時は、夏休みにほぼ毎日、**市民プール**に通っていて、その帰りの道草が楽しかった。自販機でコーヒー牛乳を飲んだり、駄菓子屋でカップラーメンを食べたり、田んぼでザリガニやカブトエビを捕まえたり、彼岸花を眺めたり。

●**フェルトでマスコット**を作る。幼馴染みと文通。

●**アイドルの真似**をして振り付けして歌う。中学はかっこいい先輩の追っかけ。

●とにかく貧乏だった。十五歳で父の車を深夜乗り回してねずみ取りに引っかかり補

牛乳ビンの蓋開け

導。とにかく**ケンカと女**が大好きだった。

●カエル捕まえて、皮剥いで、川に逃がしたり、犬のウンコに爆竹刺して爆破、公園の周りの木に支えの棒で**アスレチック作ったり**。

●七歳の時に誘拐未遂にあった（三鷹にて）。絵に描いたような誘拐犯スタイルだったので子どもでも怪しく感じた。セリフは「**おかし買ってあげる**」だった。ベタだね。

●**ローラースルーゴーゴー**・ヨーヨー・練り消し・ＢＯＸＹ・爆竹・水風船・鬼ごっこ・プラモデル・缶蹴り・草野球・ビー玉・めんこ。

●**およげ！たいやきくん**のレコード記録が未だにやぶられていないことがすごい。

●三輪車をひっくり返して、タイヤに砂利や葉っぱを流し入れてペダルを回す「**やきいも屋さんごっこ**」ってあれ、なんだったんだろう？どこがやきいも屋さんだったんだろう？

●**ニッペンのみこちゃん**、やってみたかった。

●先輩が乗ってる**カマキリ自転車**に先輩もろとも憧れた。

●**牛メンのコレクション**に夢中になり、遠くまで新種を探しに行った。

●はまっていたことといえば、**宇宙戦艦ヤマト**が好きで、毎日ヤマトの絵を描いていた。その後、銀河鉄道９９９とか出てきたが、大人になって冷静に考えると、松本零士は船とか鉄道とか地上にあったも

平成5年　■サッカーＪリーグ開幕。ロスタイムの失点でＷ杯出場を逃す（ドーハの悲劇）

のを宇宙に飛ばしただけの、シンプルで、ある意味安易な発想だったように思う。また、**スターウォーズはヤマトの真似**ではないかとか、大人になると気づかなくてもいいことが浮かぶようになってしまう。

●ラジオの電波が入らない地域に住んでいたので、**夜屋根に上って**電波を探してた。

●小学生のころ、**親友とつかみ合い**の喧嘩をしたことが忘れられない。理科室で、おたがいの〇〇玉をつかみ合い、30分近くも床にひざまずいてつかみ合っていた光景をまだときどき思いだす。

●子どもの頃はインターネットもなく、**テレビや雑誌**、**ラジオ**が主な情報源だったので、いくつかのカテゴリに分かれてはいましたが、みんな似たような物を好きだったり、はまっていたような気がします。

●今でも販売されている**ロングセラー商品**のほとんどは自分たちが子どものころに発売が始まった商品が多い印象です。これも同じようなものにはまっていた環境で過ごした影響なのかもしれないですね。

●高校ではバスケ部スタメンで生徒会長。高三の文化祭のクラス劇で主役を演じ、すごい人数の集客をして話題になった。

●映画館で映画を観るときは、席を取るのに並んだり、立見もできた。洋邦問わず**二本立**をよく池袋や高田馬場の名画座とかへ観に行っていた。

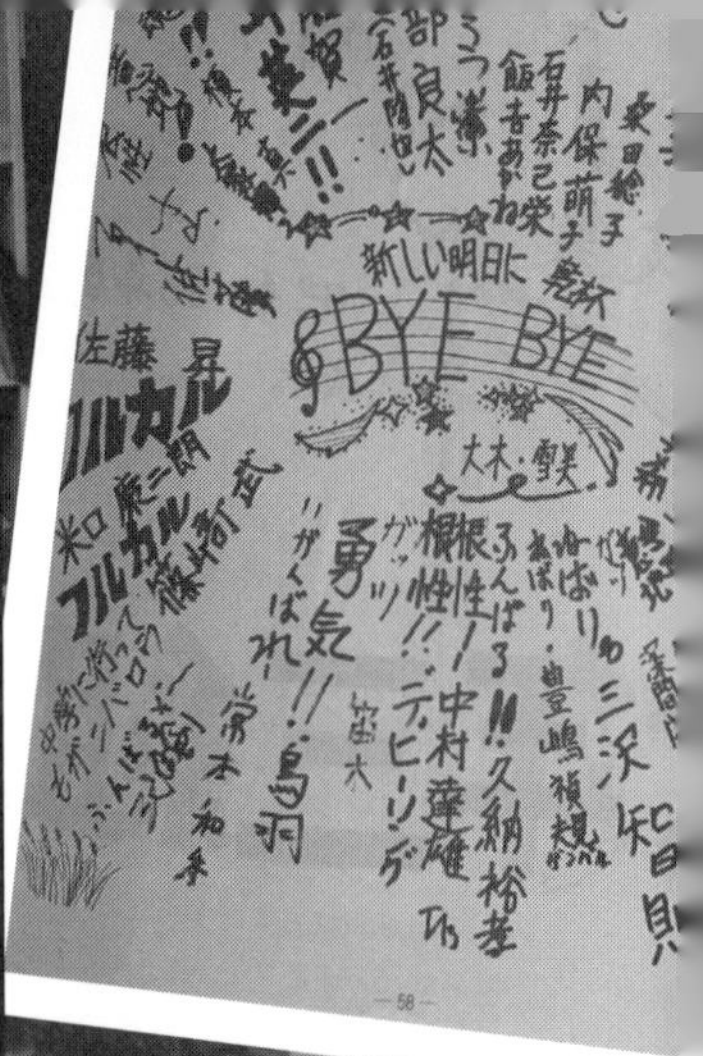

第2章

「ジャイアンがいた時代・ぼくたちはのび太だったんだ」

座談会・バブル崩壊後の平成をどう生き、今我々は何を考えているのか？

やっぱりうちら（昭和四十四年生まれ）は昭和の申し子

あんこ（女）　昭和四十四年十二月生まれ　会社経営　バツイチ　独身　子ども三人（うち二人を育てている）
ピケ（男）　昭和四十四年八月生まれ　自営業　未婚
セッさん（女）　昭和四十四年七月生まれ　会社員　既婚　子ども二人
ナカジ（男）　昭和四十四年六月生まれ　会社員　バツイチ　独身　子ども二人（うち一人を育てている）
トンちゃん（男）　昭和四十四年五月生まれ　自営業　バツイチ　子ども二人
まきチー（女）　昭和四十四年七月生まれ　パート　既婚　子ども三人
コバ（男）　昭和四十四年十二月生まれ　会社員　バツイチ　独身　子ども一人
のんじ（男）　昭和四十四年四月生まれ　会社経営　既婚　子ども二人
カッちゃん（男）　昭和四十四年三月生まれ　会社員　既婚　子ども二人

（全員昭和四十四年生まれ、東京都出身者。座談会は2015年2月と2018年7月に実施され、会話の内容は一部編集しています）

バツイチ率　高いな！

あんこ「とりあえず、自己紹介」

ピケ「中学・高校までは日本で、高校からはアメリカに、二十七歳までアメリカにいた。ニュージャージー州。今は、オートバイ乗ってスノーボードやって独身で、遊んでばっかりいる」

セッさん「じゃ あんこと同じじゃん」

あんこ「やだ、同族にしないで！」

ナカジ「僕は今、バツイチで、シングルファーザーです」

トンちゃん「僕もバツイチです。今は再婚して子どもが二人」

あんこ「私もバツイチです」

コバ「私もバツイチです」

まきチー「バツイチ率が高いね～」

あんこ「ママ友と飲み会すると、もはや半数がバツついてるよ。なんかもう慣れちゃった」

セッさん「わ～まじか、さすがに半数はないな、私の周りは。私は今はフルタイムで働いてます。子どもが二人、夫はサラリーマンです」

まきチー「うちも似たような感じ、私はパートだけど」

のんじ「私はコンサルタント業をしています。妻と息子が二人。家族全員テニス好きです」

カッちゃん「僕は警備関係の会社員です。妻と子どもが二人。バツはついていませんよ（笑）」

平成5年　■曙が外国人力士として初めて横綱に昇進

コレ、誰が読むの？

セッさん「ね、これって（『わが世代』シリーズの何冊かを指して）、どこかで買ってきたの？ よその家の匂いがする（笑）」

あんこ「あ〜ほんとだ、お雛様が入ってた箱の匂いがする〜！」

ピケ「ほら、ちょっと趣旨説明して」

あんこ「あ〜、はい、だよね。えっと、まず『わが世代○○年生まれ』っていうシリーズ本がかつて出版されていたんだけど、昭和三十五年生まれが最後となってしまっていたんだ。それを私たちの世代『昭和四十四年生まれ』でもう一度出してみよう！って思ったのがきっかけです」

ピケ「この（かつての本を見て）タイトルの『わが世代』っていうのは、今も含めて？ それとも三十年前の話にするっていうことなの？」

あんこ「うん、当時のことを知りたいかなあ？って思ったんだけど。もちろんうちらの今のことも知りたいかな？」

ピケ「つまり最終的には、うちらの世代が過去を振り返って、あ〜ゆう時もあった、こういう時もあった、っていうことから、そこから今の我々がこうなりました、っていう本になるんだよね？」

トンちゃん「本の作りとしては、最近の話は少なめにしたいかなって思ってるんだけど、まあおおよそそんな感じ」

ピケ「ってかさ、この本って誰が読むの？」

セッさん「うちらと同世代、じゃないの？」
ピケ「俺は興味ないけどな。自分が経験してきたことなんだから、今更そんなこと言われても、あーこういうことして遊んでたなぁとは思うけど、それよりは、今の世代の人たちが、『昔はこういうことして遊んでたんだな』って思うほうがいいんじゃないの？　こういうのって、ぶっちゃけ言っちゃえば自己満足かな、って俺は思う。昔のことに興味があるのは俺たちじゃなく今の人なんじゃないの？」
セッさん「え？　でも今の人が昔の話読んで面白いかな？」
ピケ「うちらのことは、経験したことだから、わかってることだし、俺らまだ七十代とかじゃないんだから、懐かしがるような年齢じゃないんじゃないのかな〜って俺は思うけど？」
ナカジ「いや、懐かしいんじゃないかな、懐かしいにもちょっと違う部分もあって面白いっていう面もあるんじゃないのかな？　地域性とかさ」
ピケ「え、懐かしいの？」
ナカジ「そう。懐かしい遊びとか、地域によってルールが違う遊びとか、うちらだけしかしてない遊びだと思ってたのに、地方でもやってたんだってことがびっくりしたりとか。面白いんじゃないかなって思うけど」

個人的な「思い出」を伝えることも大事じゃね？

セッさん「そういえばこの前、「ハッピーアイスクリーム！」って若い子がやってるって話聞いて驚いた」

平成6年　■日本人初の女性宇宙飛行士・向井千秋さん宇宙へ

あんこ「そうそう、うちらの娘たちも時々それ言ってるよ！」

セッさん「え〜そうなの？ あれって、うちらの時にすっごく流行ったことだよね」

まきチー「ついこないださ、テレビでバナナ世代、キウイ世代とかってやってたけど、まあ確かにうちらの世代の恋愛がどうだったとか、そこ比較して聞くのは面白かった」

ピケ「そうか。うちらの時は、早く免許とって、車買って、隣にいい女乗せて走りたい！とかって気持ちがあったけど、今の若い人たちってそういうこと思わないでしょ。そういう世代に『うちらの頃は』ってことを語ってあげるというかさ、ちゃんと伝えてみたいって気はするな」

あんこ「そうね、押し付けじゃなくて伝えたいことはたくさんある！ 昔は中学受験をする子はクラスに一人とかだったけど、今は半分くらいが中学受験するとかさ。時代の流れを追うのも一つのコンセプトだと思うんだけど、もっと個人的な話とかもおもしいのかな〜？」

ナカジ「うんうん、結論はつけずに、エピソードを流したいっていうか、掘り下げてみたいよね」

トンちゃん「どういうコンセプトで、ということなんだけど、自分の思い出だけを記録として残しておく。つまり、ヨカッタ、とかつまんなかったとか、怒ったとか泣いたとかっていう感情のエピソードってことになるんだろうけど、これが果たして誰に向かってやってる作業なのか」

あんこ「たしかに。同世代の人が『おお、懐かしい』って共感するのも一つなんだけど、私たちの個人的な歴史を通してこの本の中で何を言いたいかってことを掘り下げるってこともあるよね」

トンちゃん「最近、僕らの世代のもの、リバイバルが世の中に出てきてるよね、ピンク・レディーが盛り上がったり、キン肉マン二世が出てきたり、コンピレーションのCDが出てきて。それで『懐かしいね』って振り返ったりしてるんだけど、それはそれで成り立ってる部分もあるから、『ただ懐かしい』っていうのも、ひとつありかなとは思うんだよね」

ナカジ「そーだねー、最終的に俺たちが何を言いたいのか、じゃないの？」

80年代はうちらにとって特別な時代

あんこ「あとね、同世代の人の書棚にいつもこの本が置いてあってほしいっていうのもあるんだよね。その本の内容には自分のエピソードが描かれていなくても、その『昭和四十四年生まれ』という背表紙を見たときに自分の歴史をふと立ち返る。その人の子どもがなんかペラペラとこの本をめくってみたときに、そこに親が生きてきた歴史の背景が垣間見える。未来を見るために過去を見るっていうか、そんな役割をしてもらえたらいいなって思うんだ。80年代っていう時代を生きた我々の生の声をこの中に入れておきたいっていうか」

ピケ「俺らの子どもの頃なら70年代だろ」

あんこ「ま、そうだけど。中学とか高校とかなら80年代でしょ、80年代ってなんか特別な時代だったと思わない？」

ピケ「じゃあ、『昭和四十四年生まれ』じゃなくて『80年代の本』でもいいじゃん」

あんこ「いやぁ、70年代も80年代もその人の生きてきた年齢でぜんぜん違うものにならない？ やっぱり

平成6年　■オウム真理教によって松本サリン事件発生。松本市内で猛毒サリンがまかれ八人が死亡

自分の70年代、80年代の『あのとき』っていうシーンがあると思うんだよ。中学高校時代ってのが、なんとなく輝かしかったような気がして80年代って言ったけどさ」
ピケ「輝かしかったか？ 俺はちっとも輝いてなかったぞ」
トンちゃん「う〜〜ん、輝かないのもアリだよ。そういう人もいただろうし、もちろん一括りじゃないからさ」
ピケ「80年代を本当に謳歌したなんてのは、うちらのちょっと上の世代の人たちじゃない？ うちらのときはもうバブル（経済）って言っても、たいして関係ないようなポジションにあった気がするけどなあ」
あんこ「うん、だからバブルとか80年代とかにとらわれない『わが世代　昭和』でありたいんだよね。それぞれの目線から見た昭和（古き良き時代）がどんなだったか」
ピケ「『古き良き』って『良き』かどうかはわからないよ。今の方が全然いいって今の人は思うかもしれない。昔はよかったんだよ、って書くのか、昔はこんなにひどかったんだよ、って書くか。それによって読み手の感じ方も違うぞ」
あんこ「だからそういう主観がさ、良いか悪いか、どっちにしても思い込んでいる主観が面白いんじゃない？」
ナカジ「ていうかさ、今と何が違ったのか、ということが重要になってくるんじゃないのかな。そこが一番面白いところだよね。いいか悪いかは、読み手の感覚にまかせて」
ピケ「自分たちの上の人たちは二十代くらいで80年代を謳歌している人もいる。うちらあの時はまだ子どもで、その歳から見たら80年代（十代から二十歳くらいまで）ってばらつきがあるかもしれない。つまり、平成になってからの生活については、共感できる部分が薄いんじゃないかな、って思う」

セッさん「仕事を始めてからはそれぞれの人生になっちゃうからね」

みんな化学物質、食品添加物が大好きだったよね

コバ「さっきピケが言ってたけど、最近の若者って草食系だよな。俺ら十九歳の頃なんて、もうとっくに酒の味なんて知ってて、朝になるまで必死で遊んでたよ」

ピケ「今のやつらが遊べない世の中を上の世代が作ったってことなんじゃないの？ 飲酒運転の事故が増えて規制が厳しくなって、車に対する情熱を持たない奴らがふえた。反対にスマホ文化が定着して、外に出なくてもコミュニケーションが取れるようになった。どっちがいいか、っていうのは別の話」

コバ「まあな。うちらの時なんかは、帰り道にいつものファミレス覗いて、誰かいないかな～とか、あっ、あいつの車が駐まってる、とか言って店に入って行ったり、そんな日常だったけど、今は24時間営業のファミレスも減ったし。スマホで繋がってるから深夜にどっかで集まる必要がなくなったってことか」

あんこ「あとさ、恋愛のあり方とかも変わってきたよね。BLとか、バイとかそんな言葉なかったし。性同一性障害っていう言葉が出はじめたのっていつ頃だっけ？」

セッさん「2000年頃の金八先生あたりじゃない？」

カッちゃん「恋愛の話から逸れちゃうけど人間って、受精卵の最初はほとんどがメスで、オスのシャワー

平成6年　■イチロー効果（イチローが活躍し、Jリーグにおされ気味だったプロ野球全体に活気を取り戻した）

を浴びてオスになるって言われてるよね。その時になんらかのアクションがオスになりきれないメスを作る。性同一性障害が出始めたきっかけって食品添加物とか環境問題とかその辺の話と関連するのかなと思うんだよね」

のんじ「人体が情報システムであると考えれば、人工化学物質の影響で体内の細胞が数十万という単位で変わる、つまりゲノムをいじったことで、情報のコンフューズが起こって男だか女だかわからなくなっている。その影響をモロに受けている世代が今の二十代三十代なんじゃないかな」

カッちゃん「そういえば、人が最初にやられる機能が『抑制機能』だって聞いたことある。化学物質によって最初に壊れるのがセーブする機能。ブレーキが壊れて宮崎　勤（昭和三十七年生まれ）みたいな人が現れ出したっていう説か」

ピケ「え、なになに？全然わかんないぞ、なんか難しい話〜」

あんこ「味の素が天然素材から人工物質とかに変わってからなんか人間の性質変わってきたんじゃない？って話だよね」

コバ「あっ、食べると頭良くなるって言われたやつだな」

カッちゃん「そうそう(笑)、だから親は一生懸命、味の素を料理にふりかけていた。でもその問題を思いっきり受けている被害者の当事者たちはまったく問題視していない。みんな化学物質大好き、食品添加物大好き、**カップラーメン**大好き、**魚肉ソーセージ**大好き世代でしょ(笑)」

コバ「ヒガイシャのトウジシャって俺たちのこと？人工的な味は美味しいぞ(笑)。そういや昔、粉を溶かしてジュースになる飲み物とかあったな」

あんこ「あった、**プカポン**てやつ！　うちは、コーラとかの清涼飲料水は飲ませてもらえなかったけど、なぜか粉のジュースは飲ませてもらったな。なぜだ（笑）？」

コバ「コカコーラを飲め！　って、ＣＭの間に人の目には認識できない速さで情報が表示されていて、マインドコントロールされてしまうとかいう噂もあったよな。俺なんか完全にコーラ世代だよ」

トンちゃん「**ファンタ**、**スプライト**、**バヤリース**、あの瓶の自販機なつかしいな～」

あんこ「最近セブンイレブンとかに置いてあるよね！」

衛生がどんどん良くなって、どんどん免疫力が下がっていく

コバ「そういえば今の子たちって、カップラーメンを食べないんだってね」

セッさん「うちは食べないし、買わないな～。他のものがありすぎて、わざわざカップラーメン買う必要ないんだよね。それと今の子たちって味覚が弱い気がする。美味しいものがありすぎて、何食べても美味しいって感覚しかないっていうか」

まきチー「たしかに。どうしても食べなきゃいけないまずいものってなくなったな。全体的に長いこと健康志向だし、うちらの時が一番身体に悪いもの食べてたかもしれないね、逆に」

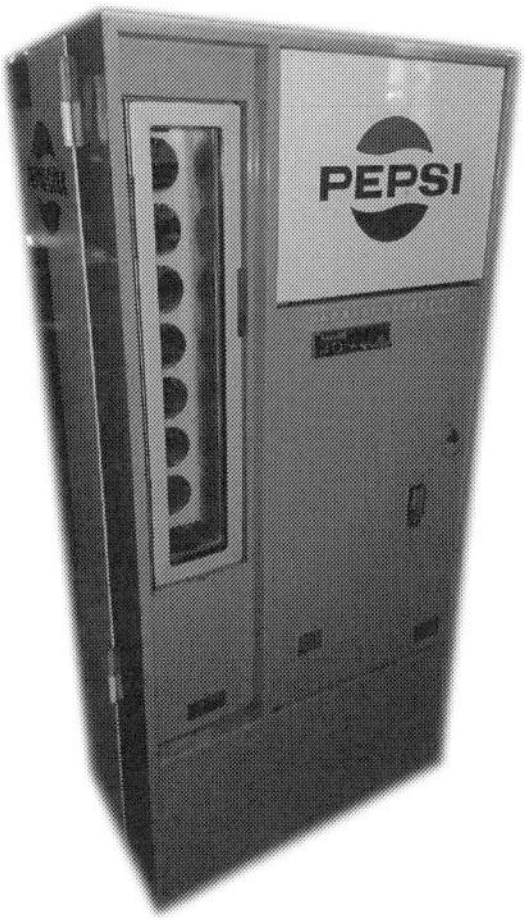

平成７年　■兵庫県南部で阪神・淡路大震災発生。犠牲者６４３４人に達し、戦後最悪の地震となった

コバ「味覚より、薄味の健康志向が強まって、『味付け豊か終わりの世代』が来たって感じる。バブルの頃はさ、日本料理店に来たお客さんは『この店で一番高いものちょうだい』とか言ってたよ。健康とか味とかじゃなくて、外食するステイタス。今のこだわりが悪いってことじゃなくて、時代が変わったってのは感じる」

あんこ「なるほどね、世代によって美味しいもの、って違うかもしれない。それとさ、食品の衛生が確立されて、ギョウ虫検査ってなくなったけど、オーガニックブームで、虫がついてるくらいの野菜が本物なんだとか言われて、またギョウ虫検査やるようになって。で、今はまたなくなって。良いものってなんだろうって考えさせられる。身体が清潔になると、抗体（免疫力？）が衰えて弱っていくしね」

カッちゃん「インフルエンザ予防接種もさ、昔は学校で全員強制で受けさせてたけど、今は任意だろ。ワクチンは進化してるはずなのに、インフルエンザになる子、多いよね」

あんこ「うちは予防接種しない派だけど、インフルエンザならないよ。やっぱり体の免疫力とかがいろいろ弱まってるような気がするな。アトピーや発達障害が増えてることも含めて」

セッさん「あと花粉症！ 昔は花粉症なんていう表現はなかったよね。全部まとめて『アレルギー』だった」

コバ「俺は今厨房にいるけど、衛生を考慮して調理する時必ず手袋するじゃない。あれ、ほんとどうかなって思うんだよね。俺は手袋したくない、魚でも野菜でも食材を触った瞬間にわかることとかもたくさんあるから。今の子たちは守られすぎて弱くなってる気がしてならないよ。人のお母さんがにぎったおにぎり食えないとかさ」

トンちゃん「食文化そのものが変わってきてるのかもしれないね」

親の世代に興味がある

あんこ「子どもが生まれて育ててみたら、なぜ今の子たちってこーなの？って思うことがたくさんあって、つい『うちらの時はさー』ていう話が増えていったよね。『最近の若いもんは』って自分らが言われてたことと同じことしちゃってる」

セッさん「でも意外とその親の時代の話って、子どもは興味深く聞くことあるよね、ほら今の子たちって80年代の歌カラオケで歌うじゃない」

あんこ「歌いやすいんだよね、きっと、曲調とかが。あと、運動会で先生世代がピンクレディとかスマップとかかけるから馴染みがあるのかも？」

セッさん「それある。親も盛り上がるやつ。平野ノラブームとかもあったし、今の子たちが親世代に興味があるのは確かだと思うなー」

トンちゃん「『オッケーバブリーケツカッチン』とうちの八歳の娘が言ってるよ。意味もわからず（笑）」

カッちゃん「昔のカラオケってレーザーディスクだったよね。その前はスナックで、カセットテープ＋歌詞の本。今のカラオケってすごいよね〜。知らない人とハモったり、自分の音程を添削できるようになるなんて想像もしなかった」

のんじ「うちらの少し上の世代の人たちはギター弾ける人が必ずグループに数人いて、みんなでフォー

平成7年　■野茂英雄が米大リーグで活躍、新人王も獲得。イチローの活躍でオリックスがリーグ優勝

クソング歌う。それが、そもそものカラオケだった」

あんこ「そうだね、歌を歌うことでコミュニケーションを取るっていうか、レクリエーション的な要素だったのかも。まあ今のカラオケもコミュニケーションか」

セッさん「でも今はヒトカラ（ひとりカラオケ）とかもあるから、その人なりの道具の扱い方ができるようになってきた、みたいな感じなのかな？」

あんこ「もはやカラオケは文化だな」

セッさん「そんで、今の子たち、みんな歌が上手‼」（たしかに！）

あんこ「今の子たちって、初デートがカラオケとかだったりするし、カラオケが身近だよね」

ナカジ「初デートの王道はやはり映画でしょ」

あんこ「うん、アンケートでもダントツだった」

デートといえばカラオケ〜じゃなくて、私をスキーに連れてって

ピケ「デートって、何をもってデート？付き合ってなくてもデートはするでしょ？俺、あのアンケートの定義がわからなかった」

トンちゃん「僕は男子校だったから女の子と待ち合わせして……ってちゃんとあったよ」

あんこ「女の子の認識が『デート』ならデートなんじゃないの？」

ナカジ「『待ち合わせして』ってのが前提でしょ」

ピケ「制服で学校帰りとかは違う？」

あんこ「女の子と二人でも、付き合ってなければそれはデートじゃない！」

ピケ「高一で映画に行ったけど、じゃああれはデートじゃなかったのか……（笑）」

カッちゃん「ディズニーランドができたのが1983年、中一の春だったね」

あんこ「あ〜、ディズニー行ったな、開校記念日に。ダブルデートで。でも付き合ってなかった友だちだから、あれはデートとカウントしない（笑）！」

ピケ「そんなに厳密かよ！」

ナカジ「高三のとき『私をスキーに連れてって』を観に行ったたな。原田知世のウエアが可愛かった。そんでその後影響されてすぐスキー行った！スキーバスで」

黒電話の親子電話は親に丸聞こえ！ジーコロ電話って今の子にはわからない?!

トンちゃん「よくある話かもしれないけど、昔は黒電話で、彼女からかかってくる電話は当たり前だけど自宅で取るしかなくて、親が聞いているところで話すしかないんだよね。それで親が電話使いたくて周りをうろうろしてたり。あとさ、彼女から電話かかってくると、子どもがまず家の電話に出るなんてことないじゃない？だからお袋が電話に出て、○○ちゃんから電話よ、とか言って繋いでくれるんだけど、その当時うち三階建てでさ、三階の電話で僕が出ると、なんか彼女とは違う息づかいが聞こえてきて。親子電話だから下でお袋が話聞いてるっていう（笑）！」

平成7年　■流行語「ああ言えば上祐（無実を主張しまくったオウム真理教の広報担当者）」「ベル友（ポケベル友だちの略）」

あんこ 「あ～～それあったあった！ なんとなく声が小さく聞こえたりしてね。息づかいとか。で、がちゃんって音してないよな、まだ、とかすごい勘繰って（笑）」

まきチー 「親子電話って最初はすごい！ って思ったけどね、聞かれてた！ 聞かれてた（笑）！」

トンちゃん 「あの頃って携帯なんてないから、待ち合わせする時は掲示板とか使うしかなくてね」

ナカジ 「そうそう！ 駅の掲示板ってあった！ 時間が経つと駅員さんに消されちゃうのな！ 待ったじゃん、あのとき、待つしかなくて」

あんこ 「あったあった！ 最高で六時間とかホームで待ったことあった。駅員さんにもはや心配されたりして（笑）」

セッさん 「**ジーコロ電話**、まだおばあちゃんちにあるよ」

ナカジ 「スマホの登場って大きいわぁ」

トンちゃん 「こないだ電車に乗ってる時に中学生の会話が耳に入ってきたんだけど、『付き合う』の定義が『ＬＩＮＥのやりとりをしてる』ってことで、『ＬＩＮＥをしなくなる』ことが、『別れる』ってことだって言っててびっくりしたよ」

うちらいつも「時代が終わる」タイミングに生きてるんだ

ナカジ 「俺なんかさ、息子が俺の携帯で勝手にゲームするのを容認してたら、だんだん詳しくいじれるようになって、自分のＬＩＮＥのトークとか見られたりし

て、『オヤジ、きも！』とか言われちゃったよ（笑）」

トンちゃん「でさ、見られるとめんどくさいから、子どもに携帯買ってあげちゃうっていう流れ、なんかあるよね……（笑）」

あんこ「SNS問題は、もう言い出せばきりがないね。私たちのコミュニケーションツールは何と言っても『**交換日記**』だったからね」

トンちゃん「交換日記って、今思うとコミュニケーションのあり方の象徴的なアイテムだったのかもしれないね。今のLINEとは全然違う、なんだろ、どっちもディープなコミュニケーションツールなのにね。ぜんっぜん違うね」

あんこ「今思うと、うちらが最後の交換日記世代かもしれない。文章を書くってこと、あの数年後にすたれていったよね。文通も、年賀状も少しずつ減って」

トンちゃん「うちらって、いくつかの区切りの『時代が終わる』タイミングに結構いたのかもしれないね。『最後の制服のスカート長い時代』とか『最後のつっぱり時代』とか『最後のバイク世代』とか」

コバ「ヤンキーばっかりじゃねえか（笑）！」

オタクが出始めた頃

あんこ「時代が違うって言えば、昔の先生は体罰とか平気でしてたよね。体罰っていう意識じゃなかったかもしれないけど。ウチの中学の先生でこれくらいの棒持ってて、ぴしっぴしって生徒を叩く先生い

平成8年　■病原性大腸菌「O157」による食中毒が全国各地で発生。アトランタ・オリンピック開催（日本・金3、銀6、銅5）

たな、今だと考えられないよね」
ピケ「○○だろ？　あんなの先生じゃないよ」
セッさん「でもいたよね、名物先生みたいの」
ピケ「三角定規みたいので頭思いっきり叩かれたりとかしたよ。俺三年間ずっとその先生の教科1だったよ」
あんこ「よくそれで卒業できたね」
ピケ「うん、中学校だもん（笑）」
あんこ「うちらの中学って、絶対評価だったじゃん。だから100点取っても5は取れないっていう悲劇があったよね」
ピケ「都立受かって断るっていう子、いたね、私立に行きたい奴。俺は都立に行きたかった。都立に行けば、中学の友達とかいっぱいいるじゃん、都立行かれないから、私立行くしかなくて」
あんこ「そうだね、私立高校の位置付けが今とはちょっと違ったね。今は私立に行ける子が羨ましがられる」
ナカジ「受験っていう意味だと今の小学生って、なんかちょっと気の毒なくらい遊べないよね」
あんこ「公園のベンチで集まってゲームやってる姿見ると、何とも言えない未来への不安を感じるよ」
コバ「小学生の時なんて、ほぼ全員が野球やってたよな。俺、小中高とずっと野球部だったよ。未だに野球のルールよくわかんないけど！」

ピケ「それ、本当に野球やってたって言えんのかよ（笑）！」
カッちゃん「アニメやマンガが好きってところは今も変わらないかな？」
のんじ「僕たちの代表作は『ドラゴンボール』、『ガンダム』、『北斗の拳』ってとこ？」
トンちゃん「『ガンダム』は社会現象だったね、今もまだやってる」
のんじ「最初始まった時はここまで長く連載されるとは思わなかったな」
カッちゃん「『ドラゴンボール』はちゃんと終わらせたよね〜。えらかったな〜と思うよ」
のんじ「『北斗の拳』の最後はグダグダだった」
トンちゃん「『ガンダム』はさ、全シリーズ大人買いして、大人になってから改めて見直したよ。はっきり言って子どもには難しすぎた。あの複雑さは」
のんじ「日本のアニメ業界が群を抜いたのは、あの頃からだよね。日本に大人用のアニメがあるのは、アニメ世代の僕たちが大人になってもまだ求め続けているからからもしれない」
カッちゃん「子どもと大人が一緒に見てるもんな」
ピケ「大人が電車の中でマンガを読んでるなんて日本くらいじゃないか？」
トンちゃん「いや、海外で行われているアニメやマンガのイベント（フェス）はものすごいよ。コスプレもクオリティ高いし、日本のマンガやアニメの人気の高さは異常と言ってもいいくらい。その人たちが落とす金額を考えると、経済効果としてバカにできないよ」
カッちゃん「そうそう、『オタク』がいるから日本は支えられてると言っても過言ではない。マーケット

平成8年　■芸術家の岡本太郎、藤子・F・不二雄が死去

として大きい産業になってる」

トンちゃん「アニメファンの話だけど、二次元の女の子しか好きにならないっていう若者って結構いるよね。リアルの女の子は怖いんだって」

ピケ「もはや草食系でもなく、絶食系！」

結婚も、子どもも、フリーに考えられる時代でよかった

まきチー「あと結婚してないひと、多くない？　同級生の三分の一くらいが結婚してない気がする」

セッさん「たしかに、選んでしないタイプの人たちね。あと、離婚も多いよねえ。あっ、ごめん」

あんこ「いやいや（笑）」

セッさん「そういえば、○○ちゃんいつの間にかお母さんになってたね。フェイスブック見て、びっくりしちゃった」

まきチー「そうなんだよね。四十三歳で初産だっけ？　すごいよね」

あんこ「あの子はもう結婚もしないんだと思ってたよ。三十代でマンション買った時、ああ覚悟きめたんだな、って」

エル・ジー・ビー・ティー・キュー って時代だね

ナカジ「そう、今は女性も自立してるし暮らしていけるんだよね。男に負けたくない時代があってからの今」

コバ「でも前の世代はほとんど結婚はしてるよな。とりあえず結婚して一人前的な風潮がまだあった。けど、今は『結婚なんてしなくても』という時代になってきたんだろうな〜。経済的に可能だし」

のんじ「前は『ウーマンリブ』や『ジェンダー』は思想だった。昔は片親は肩身が狭かったけど、今は離婚家庭が多いから、さほど差別的でもなくなっている。別にいいとは思わないし、離婚はなるべくならしたくないけどね」

セッさん「子どもを産まない選択をする人も増えてるよね。デリケートな話題すぎてそこで理由を聞いたりはできないけど」

まきチー「そう『じゃあ、子ども持ってる方がえらいのか？』とか言われると、いやいやいや〜って空気が凍りついちゃう」

トンちゃん「LGBTQの人たちも増えた」

セッさん「ねっ！ 昔からあったんだろうけど、言い出せるように世の中がなってきた、っていう変化だよね。マツコやイッコーさんたちのおかげもあるかな？」

コバ「エルジービー？ なにそれ？」

のんじ「レズビアン・ゲイ・バイセクシュアル・トランスジェンダー、そして最近はそこにクエスチョニングだっけ？ 意図的にそれを決めない人ってのが加わって、セクシュアルマイノリティの総称って呼ばれてるよ」

平成8年　■「NINTENDO64（任天堂）」「ポケットモンスター（ゲームフリーク）」「たまごっち（バンダイ）」が人気

コバ「あー、はいはい、聞いたことある。そんなのもさ、男子は技術、女子は家庭科だった時代の影響から生まれてるんかなぁ」

カッちゃん「自由で何でも認めあおう、っていう考え方が、だからこそ何でもありってなったことで何に対しても興味が薄いのかなあとも思うな。反発心とかがないから、流される部分というか」

あんこ「もちろん今の子の全員じゃないだろうけどね、たしかに選択がありすぎて、それをどう扱ったらいいのか、わからないのかもしれないね。無宗教っていうのも似てる感じがする。自由だから何を選んでもいいし選ばなくてもいいよ、っていう意味を履き違えて芯がぶれてしまうみたいな」

のんじ「ナスとほうれん草と人参が置いてあるけど飢え死にしました、みたいなことが実際には起こってるんだよね。つまり調理の仕方を知らない」

ナカジ「バブルの時の『何でもできる』とはまたちょっと違った展開だね」

ドリフからひょうきん族、もちろんそれが定番コース

あんこ「そういえば、テレビっ子世代なのにテレビの話全然出てこないじゃん。我々の時代の代表番組はやっぱりドリフだけどね、『8時だヨ！全員集合』」

セッさん「対、『オレたちひょうきん族』でしょ！」

ナカジ「一番多いパターンは、ドリフからの、ひょうきん族」

あんこ「そうね、だんだん大人ぶって、ドリフのコントが子どもっぽく感じてきてからのひょうきん族かな。ドリフとは違う新しいギャグに感じた」

ナカジ「そうそう。ちょうどそんな年頃だったのかも。小学校高学年に入る頃……」

カッちゃん「あと漫才ブームでしょ！セントルイスの漫才好きだったな〜」

あんこ「ツービート、やすきよ、ザ・ぼんち」

トンちゃん「たけしは、天才だよね〜。天才たけしの元気が出るテレビ、も面白かった」

ナカジ「進め！電波少年、飯島直子の『DAISUKI!』が好きだった」

トンちゃん「『DAISUKI!』！好きだったわー!! 日本酒を呑む回が好きで」

あんこ「え？それはもう平成の時代だよね？」

トンちゃん「そうか、平成か。電波少年は猿岩石がやはり面白かった。沢木耕太郎の『深夜特急』という本が旅のベースになってて、この本がムチャクチャ面白かったな」

あんこ「昭和の時代に戻すけど、小六の頃、『翔んだカップル』ってドラマが好きで、友だちと一緒にキャストの皆さんにファンレターを書こう！という話になったの。当時『郵便番号だけ書けば、住所を省略しても郵便が届く』という発見が面白くて、具体的な町名を書かずに『東町○-○-○』と書いて友だち宅にハガキを出したりしてたんだけどね。そのとき、テレビ局の住所なんて分からなくても、いちばちか『東京都フジテレビ 翔んだカップル宛 轟二郎様、柳沢慎吾様』って書いてファンレターを出してみたんだよ」

セッさん「あー。轟二郎！なつかしい！柳沢慎吾！出てたよね〜」

平成9年　■消費税率を5%に引き上げ

あんこ「そしたら一ヶ月後になんと返信がきたの！」
ナカジ「おお！ ファンレターに返事がくるなんてあるんだー！」
トンちゃん「ファンレターと言えば、小学校の時に、好きな子が世良公則ファンで、マネして自分も無理矢理ファンになってさ（笑）。その子と一緒にファンレター出して」
あんこ「世良公則ってずいぶん渋いとこいくね（笑）！」
トンちゃん「小学校一年生くらいかなあ。返事はなかったけどね（笑）」
あんこ「ファンレターって今もあるのかな？ 今はＤＭとかか？ インスタでプライベートが見える今の方が芸能人との距離が近いのかもしれないね」
カッちゃん「ドリフで思い出したけど、『ゴーウエスト』って人形劇あったよね！」
あんこ「それ!! 観てたなー、懐かしい～!! ピンク・レディー出てたヤツ!! あとさ、西遊記繋がりで堺正章のほうも観てたなー！」
トンちゃん「観てた観てた！ もみあげ痛そうだった（笑）！」
コバ「もみあげ（笑）！」
セッさん「夏目雅子だったよねー、三蔵法師」
あんこ「そうそう。綺麗だったよね、あの人。沙悟浄は岸部シロー、猪八戒は左とん平？」
トンちゃん「うん、たしか西田敏行で、二代目が左とん平だったかな？ あとオヒョイさん出てた！」
あんこ「私は、あの頃『カックラキン大放送』が大好きすぎてさ、♪楽しかったひとときが、今はもうすぎてゆくー♪って終わりの歌のメロディ聴いて泣きそうになってたな〜。今週も終わってしまった、って寂しくて」
コバ「郷ひろみ、野口五郎、研ナオコ、アイドルがコントをやるって先駆けじゃない？ あの番組。僕も好きだった。ラビット関根！ カーマーキーリーね！」
トンちゃん「でさ、我が家では、『カックラキン』からの『太陽にほえろ！』が、鉄板の流れだったんだよ。『太陽にほえろ！』は、マジでハマり、毎週かかさず見てた。で、ファンレターを出した世良公則が、なんと刑事役で登場！ で歓喜（笑）」
あんこ「そこで世良公則につながるのか（笑）！」
トンちゃん「そうそう、あんたのバラード、燃えろいい女、宿無し、なつかしィ（笑）」

尾崎豊は避けて通れない存在、そしてみーんなラジオに夢中！

あんこ「中学の頃誰ファンだった？ 私はトシちゃんよりマッチ、モッくんより、ヤッくん派だったな〜」
のんじ「ヤッくん！ なかなかレアだね」
トンちゃん「僕は『たのきん』より竹本孝之派だったよ。『陽当たり良好』が好きだった。あだち充原作！ 伊藤さやか主演！」
あんこ「それ懐かしすぎる！ 私も竹本孝之好きだったな〜」
ナカジ「あの頃の私たちには、【アイドル大好きミーハー組】と、【こだわりのある音楽を聴くちょっと

平成9年 ■「大阪ドーム」「ナゴヤドーム」完成

大人ぶったハイセンス組】がいたように思う。同級生に話しても『え？誰それ？』と言われることに少し優越感を感じる人たち（笑）」

トンちゃん「たしかに。シド・ヴィシャス（セックス・ピストルズ）、シーナ＆ザ・ロケッツ、アン・ルイス。佐野元春や大瀧詠一、竹内まりや、松任谷由実……」

あんこ「そんな好みの違いがそれぞれにあった我々の中で、誰もが避けては通れなかった存在が『尾崎豊』。浜田省吾や杉真理には大して興味がなかった若者も、どうしたってその存在を感じずにはいられなかった」

トンちゃん「尾崎はどハマりしたな」

ナカジ「テレビに出ないイコールかっこいい、自分はテレビに出ないアーティストが好きなんだということで優越感に浸る、みたいなとこあったね」

カッちゃん「だからさ、自分で調べたよねー。FMラジオにはそういうアーティストは出るから、FM雑誌買って、エアチェック（笑）！録音してたわー、**マイカセットテープ**。インレタ貼ってインデックス作って。FM誌の付録がカセットテープのラベルで」

トンちゃん「テープ作ったね〜。ラジオはFMの方が音がよくて。CMやトークを入れず流してくれるから慎重にダビングしたな。この前娘にカセットテープを見せたら『これ何するモノ？』と言われた（笑）」

ナカジ「うちら『ラジオで盛り上がれる最後の世代』だな。俺はAMもよく聴いてた。オールナイトニッポン。ラジオってさ時報のCMあったよね。地方の時報CM、記憶に残ってる。てれおーとりおー」

トンちゃん「AMラジオは、ちょっとバカっぽくて下品なイメージっていうのかな。今でいうバラエティ的存在かもしれないね。深夜放送。オールナイトニッポン。初めて中島みゆきのオールナイトニッポン聴いたとき、喋り方や笑い方が、歌のイメージとまるで違っていて別人じゃないかと、にわかに信じられなかった」

あんこ「中島みゆきのラジオはセンセーショナルだった！歌詞のイメージと全く違う明るい性格」

カッちゃん「ギャップが凄かったよね（笑）」

トンちゃん「小学校の時は聴いてなかったけど、中学くらいからはラジオよく聴いてたな。なんかテレビと違って、凄く個人的な、プライベートな距離感を感じて。FMはもちろん聴いてたけど、AMの深夜放送をイヤホンでベッドの中でこっそり聴いてるのが好きだった（笑）。文化放送のミスDJで川島なお美を聴き、ニッポン放送の三宅裕司のヤングパラダイスでヒランヤを探しに街に出て、オールナイトニッポンで中島みゆきやビートたけしを聴いてた。なんか、今でもありありと思い出せる。ベッドに頭まで潜りこんで、イヤホンでラジオっていうのが耳元で囁かれてる感じでたまらなくてさ（笑）。あと、鶴光のラジオで、下品なコーナーもあったなあ。深夜なのに、リスナーに生電話して、そのリスナーに大声で卑猥な言葉を叫ばせるという（笑）」

あんこ「こないだ会社の人に『オールナイトニッポン、誰の時代だった？』って聞かれて、えっ？……誰だったっけ？って思い出せなくて、よく考えたら私TBS派だったよーな記憶がよみがえってきた（笑）。中島みゆきのオールナイトニッポンが面白いって言われて何回か聴いた気がするし、松山千春も面白かった気がするけど、なんかそこはあんまり鮮明じゃないんだよねー。なんでだろ？もしかしたらいきがっ

平成9年　■邦画ランキング一位「もののけ姫」二位「失楽園」（不倫のことを「失楽園」と言い流行語にもなった）

てFENとか聴いてたのかもしれない（笑）」

トンちゃん「あー、FENね!! 僕も、毎日は聴いてなかったと思うけど、単純にあの頃深夜って言っても24時25時くらいに独りでこっそり聴いた、という記憶が強いのかな。松山千春のも、あったねー（笑）！」

コバ「ラジオで記憶が鮮明なのは吉田照美のてるてるワイド！ 文化放送か！」

カッちゃん「FMをダビングするのは土曜日の午後の楽しみだったなー。学校半ドン（午前授業など半日で終業すること）だから、急いで帰って、13時からの歌謡曲、14時からの洋楽をテープを替えてダビングして」

トンちゃん「僕今、仕事でCDジャケット作ってるんだけどさ、今はもうダウンロードしちゃえばいいじゃん、サブスクでいいじゃんって時代じゃない？ 仕事がなくなるんじゃないか、って不安はあるな」

のんじ「レコードは結局廃れないと思うけどなあ。CDも同じ。マニアックなファンもたくさんいるし」

カッちゃん「ゆずだかコブクロだか、ライブで『ダウンロードしないでください、CDを買ってください』って言ってたって聞いたよ」

のんじ「コンサートやらないと儲らなくなってる時代だよね。それでもチケットもせいぜい8000円とかでしょ。グッズ売らないと採算取れない。その点、クラシックなんかはもともとレコードで儲けようという考えではなくて、コンサートが3万円とか、それくらいして、利益はコンサートで取っていたんだよね」

カッちゃん「ダウンロードもそうだし、レンタルレコード屋さんができた時は打撃があったかもね。中学生くらいだっけ？ ユーアンドアイ、れいこーどう」

あんこ「おお、なつかしいな〜。レンタルレコード屋さんには本当にお世話になった！　借りなくても、しょっちゅう覗きに行ってたな。新しいの入ってるかな〜って」

盗んだバイクじゃないけど16になったらすぐに免許取りに行ったよな

トンちゃん「わりと狭い流行りかもだけど、ジャッキーチェン流行ったよね。カンフーブーム」

あんこ「うんうん、ジャッキー熱はすごかったよね。高校の時の先輩が、追っかけやってて、タクシーで前の車を追いかけてもらったら、名古屋まで行っちゃったことがあるって話を聞いたことあるな。タクシー代が12万だったとか」

コバ「すごいな、それ」

あんこ「サモ・ハンキンポー、くらいしか他は知らないな」

トンちゃん「親の仇打ちというパターンばかりだったカンフー映画に、コミカルな笑いと、身近にある小道具を使ってアクションをするという画期的なアイデアを確立したのがジャッキー。『クレイジーモンキー笑拳』『酔拳』そして『プロジェクトA』でピークに。封切りされたらほぼ映画館で観てたよ。だんだん苦笑するしかないストーリー展開と寒い笑いになってきて、哀しいけど映画館行くのをやめ、レンタルビデオになったけど……。そもそも僕はブルース・リーが大好きでさ、次世代がジャッキー。実はジャッキーは若い下積みの頃ブルース・リーのスタントマンもしてたんだよね」

あんこ「レンタルビデオなんてその当時あったっけ？」

平成10年　■冬季長野オリンピック開催。第16回サッカーW杯仏大会に日本が初出場

トンちゃん「いや、結構大人になるまで映画館に通ってた……（笑）」
あんこ「中三くらいに我が家にはビデオデッキなるものが登場したよ」
カッちゃん「中三くらいのときって、なんかいろんな意味で『全盛期』な感じするな〜」
あんこ「『積み木崩し』からの、『ホットロード』からの、男子がみんな**チェッカーズヘアー**（笑）！」
トンちゃん「盗んだバイクで走り出す世代か（笑）」
コバ「当時憧れたバイク、CB400F・Z1・Z2・KH・GT380・かっ飛びRZ、2サイクルエンジンが駆け出しのころ。スクーターならJog（ジョグ）・チャンプ・リード・ビート（加速ペダル付き）、二〜三歳上が『パッソル』『パッソーラ』。我々の時代は『パッツ』（パッソル2）だな」
トンちゃん「わからんなー、バイクは」
あんこ「こないだテレビでヒロミが言ってたけど、『昔は十六歳になると全員が二輪の免許を取るという法律があった』って（笑）。もちろん冗談でだけど。でも、ホントに我々の頃はみ〜んな免許取ったよね。待ってました！と言わんばかりに」
カッちゃん「男子は本当にバイクの話が好きだったよね。で、当然十八歳になったら車。バイク雑誌や車の雑誌を学校に持ってくる子も多かったよね」
あんこ「さっきも言ってたけど、今の子たちはなんであんなに車やバイクに興味がないんだろうね？」
コバ「うちらのときに、悪いことしすぎたからじゃね？」
あんこ「暴走族もいなくなったよね〜。一部の地域を除いて（笑）」

コバ「あの社会問題が今の時代（バイクに乗らない）を作ってしまったのかあ～。確かに社会的には問題だったけど、楽しかったよなあ～～」

ぱ～ぷ～♫ってラッパを鳴らすお豆腐屋さんも今はなくなった

あんこ「カブトムシやクワガタは採取した？」
トンちゃん「いやー、あまり記憶ないかも」
コバ「おとんの田舎が滋賀県なんだけどさ、早朝じゃないと捕まえられないって言われるクワガタも、八時頃森に行って一本の木をドーン！と蹴飛ばすと、バラバラバラバラッとクワガタが何匹も落ちてくるんだよね。カブトムシの幼虫がわんさかいる場所もあって、その土の一平方メートルには数百匹の幼虫がいたよ」
のんじ「今やデパートで購入するような高級クワガタも普通に採れた時代」
カッちゃん「昔はたしかに虫取り網とカゴ持って公園とか行ったよねー！」
あんこ「今の子たちってしないのかな？『虫が好き』っていうと急にその道の天才児とか言われちゃうような……」
トンちゃん「あまり採りにいかないよね」
コバ「虫はむしできないよね～～～っ（笑）」
あんこ「小学生のころ、夕方になると豆腐屋さんが『パープー♬』ってラッパを鳴らしてごっつい自転

平成10年　■和歌山毒物カレー事件発生。夏祭りでカレーを食べた67人が中毒症状を起こし、うち4人が死亡した

車で近所をまわっていたんだ。おばあちゃんに『豆腐屋さん呼んで！』と言われて、慌てて窓を開けて『おとーふやさーん！』と言うと、どこにいても『はぁーい！』という声が返ってきて、ステンレスのボールに少しだけ水を入れて外に出て行くと、荷台に大きな木の箱を付けた自転車が止まってる。ニコニコしたおじちゃんが『あんこちゃん、えらいね』って言ってくれるのが嬉しくて。

あの当時、近所の八百屋さんも魚屋さんも、みんな私の名前を知っていて、私はお使いに行くのが好きだった。『お豆腐一丁と、油揚げ二枚』と言うと、木の箱の中にたぷんたぷんと入っている豆腐を一丁専用の容器ですくい、ボールに流してくれた。箱の脇にある引き出しから、分厚い油揚げを出して薄紙に巻いてくれる。その一連の動きを見るのも好きだったな。お豆腐屋さんのおじさんはいつも帽子を被っているので、いつだったか駅前の豆腐屋で母が豆腐を買った時に、中からいつものおじさんが出てきて、その頭がツルツルに禿げてたのを見て死ぬほどびっくりした。『みのり屋さん』というお豆腐屋さん。

プープーって音がしなくなってから数年後、ご主人が亡くなったという話を聞いた。その頃にはもう駅前のお豆腐屋さんはなんとなく駅前の景観に合わなくなっていて、それから数ヶ月後にはお店は閉店していたんだよね。みのり屋さんがなくなって、主婦は西友で豆腐を買うようになって、子どもたちの名前を近所のみのり屋さんのおじさんが呼ぶこともなくなった。次になくなるのは、なんだろうね」

トンちゃん「豆腐屋の思い出、僕もあるわー。近所にあってさー、よくお袋に頼まれて買いに行った。おやじさんが腕をつっこんで豆腐を一丁すくいあげて、ボウルに入れてくれて。冬場は寒そうだったなあ。なぜか、豆腐屋にはなりたくないなあ〜ってその作業見て思ったことは覚えてる」

文房具屋さんって遊び場だった

カッちゃん「駄菓子屋で売ってた擦ると煙が出てくるカードは不思議だったなぁー」

あんこ「あと、よく文房具屋さんで買ってたのが『**紙せっけん**』。筆箱に入れておくといい匂いがするとかそんな用途なんだろうけど、せっけんと言うからには……と律儀に手を洗っていたよ（笑）」

のんじ「昔は文房具屋さんで花火を売ってたよね？ うちの近所の文房具屋だけかなぁ？」

あんこ「文房具屋に売ってたよ!! 花火！ ヘビ玉とか、爆竹とか、煙が出る遊びを平気でできたよねー」

トンちゃん「懐かしい!! 好きだったー！ 紙せっけんは女子だよねー！」

カッちゃん「昔は子どもだけで花火もしてたし」

あんこ「そうね。どこで遊ぶにも子ども同士だけだったよね。よっぽどのときじゃない限り、親がついてくるなんてなかった。とりあえず思いついた昭和を上げてみて」

コバ「銀玉鉄砲もよくやった!! 大好きだったなあ！ 玉を何気なく耳に入れたり出したりして遊んでたら取り出せなくなって耳鼻科に行ったことあるよ（笑）！」

あんこ「あと**スーパーヨーヨー**。コーラとかスプライトとか」

コバ「コカコーラのヨーヨー！ 超流行りました」

トンちゃん「でも、紐が超絡まる（笑）」

カッちゃん「ヨーヨーがさ、透明だったりで綺麗だったよね。いろんな色出てきて」

あんこ「それと**バンバンボール**。ラケットみたいな板にスーパーボールが糸で繋がっててバンバン跳ね

平成10年　■iMAC（アップル社）、ドリームキャスト（セガ）、Windows 98、バイオノート505（ソニー）発売

させる」

トンちゃん「バンバンボール！」

セッさん「そのラケットのバンバンボールじゃなくて私はヨーヨーがでかくなった風船のバンバンボール。ロンパールームでやってたやつ、アレに憧れた！」

カッちゃん「**ロンパールーム**（笑）！」

トンちゃん「**カマキリ自転車**　24時間戦えますか」

コバ「**ギザ10　500円玉**登場」

あんこ「**PEZ**！」

トンちゃん「PEZ！なつかしー！集めたー」

あんこ「学校の帰り道、ツツジの花の蜜を吸いながら帰ったな。『美味しいんだよ』って、それを教えてくれた友だちは母子家庭でさ、いつも帰りはおばあちゃんのお店に寄って、お母さんが戻ってくるまでお店にいたんだけど、その『おばあちゃんのお店』っていうのが二畳くらいの小さなスペースで、そこにミシンを置いて『洋裁屋さん』をしていた。足で踏むミシンの小気味好い音が楽しかったな」

トンちゃん「学校の行き帰り、吸った吸った！あの花ってツツジかー」

コバ「あとさー、流行ったのが、蜂？じゃないけど蜂の仲間で、針がないやつで、なんていうんだろ、それを捕まえて、胴体にヒモつけて、持って遊んでたなあ。今思えば残酷な感じだけど」

あんこ「あー、紐つけて飛ばしたね！ナルトバチ！」

コバ「ナルトバチ?! だっけ？ 紐結ぶのが強すぎると胴体切断しちゃったりして……いや、ひどかったよね！」

あんこ「ねー、青いビニールの水玉もようの風呂敷なかった？ お出かけするときおばあちゃんがそれにお土産包んで持って行くの」

トンちゃん「水玉？ あまり記憶にない（笑）！」

あんこ「マジかー、運動会でのお弁当包む時とか、これ使ってたなー！ 我が家には紫やピンクバージョンも豊富だったよ（笑）！ ほら、**信玄餅**包むやつみたいなアレ」

ナカジ「わからんけど、信玄餅はおいしいよねー。子どものころ、なぜかよく家に信玄餅があって。和菓子苦手なのにこれは食べてたなあ」

あんこ「和菓子って、子どもの時は好きじゃなかったな、私も」

トンちゃん「なんか洋菓子に憧れもあったよね。ケーキ食べるなんて年に何度もないし」

セッさん「そうそう。洋菓子イコールイチゴの**ショートケーキ**！」

ナカジ「子どもは必ずイチゴのショート！」

トンちゃん「**不二家**な！」

セッさん「そう、不二家！ 友だちの誕生日会で不二家出てくると嬉しかったなー！」

あんこ「誕生日会の『お返し』ってのもあったよね。大抵文房具だった」

トンちゃん「**ロケットペンシル**、懐かしくない？ 丸くなったら抜いてお尻に刺して新しいのが押し出さ

平成11年　■ミレニアムのカウントダウンが世界各地で催される

れるやつ。あれもらった時感動した。あとさ、歯車のパーツで鉛筆でぐるぐる描くやつ、デザイン定規って言うんだけど、知ってる？」
あんこ「あーそれそれ、私も大好きだった！　大きなサークルはちゃんと押さえてないとズレちゃうんだよねー（笑）」
トンちゃん「そうそう！　意外と綺麗に描くの難しいのよ。あの定規、今作品作りに使ってるから現役だよ（笑）」
カッちゃん「あと、**カンペンケース**が流行ったなー。7面とかある多機能筆箱が好きだったけど、急に六年生か、中学入ってからかな？　アルミでできた薄型のペンケースが流行ってさ」
あんこ「カンペンねー！　かちゃかちゃ音鳴らしながら持ち歩くのもなんか意外と嬉しくて」
トンちゃん「中学の時ね、授業中に先生をからかうのよ。みんな腕時計をストップウォッチにして十秒とか秒数決めて、十秒経ったら一斉にカンペンケースを机から床に落とすの（笑）。黒板に書いてる先生が驚いて振り返ってもみんな下向いて真面目にノート書いてるフリ（笑）」
あんこ「あったあった！　えー、それって全国共通行為（笑）？？」
トンちゃん「うそ！　あったの？　うちらだけかと思ってた（笑）！」
あんこ「やってたよー！　嫌いな先生限定で！」
トンちゃん「全国的にあったのかもね～（笑）。そういう遊び？　的なものって伝播するよね。ポコペンとか、**牛メン**とかも、全国じゃないにしても広まったよね！　あの現象ってなんだろう？」

あんこ「ホント、それこそネットやSNSなんかない時代だから、テレビや雑誌かな？ 昔は雑誌の読者コーナーとか、投稿関連が流行ってた印象。あ！ それとやっぱり**ラジオ**かもね」

コバ「意外とラジオって存在感あるな」

あんこ「**ペンパル募集とか**」

カッちゃん「ペンパル募集！ あったあった。あーあの頃文通していた知らない人たち、今どうしてるんだろーなー（笑）」

遊びにルールなんかない。楽しいことしようと思うと想像力がふくらむ

あんこ「これはみんながしていたことではないと思うけど、私の昔話。雨が降ると私は家中の傘を出してそれを全部開いてドームを作ってその中で遊ぶのが好きだった。テントさながら、だけど、中は傘の柄があちこち交差してとても居心地がいいわけではなくて（笑）。でも、その自分だけの『基地』が楽しくて、雨の季節が意外と好きだったなぁ」

カッちゃん「わかるー!! 家の中で**基地ごっこ**！」

トンちゃん「う〜ん、雨じゃなくてもよく友だちがうちにきて、イスや座布団やなんやかんや使って基地作ってたなあ。」

コバ「子どもに『基地』は絶対だよね！」

あんこ「あと、私は布団を階段に敷き詰めて滑り台化させて14段の階段を一気に滑り下りるって遊びを

平成11年　■アクセサリー感覚の付け毛、ボディーワイヤー、かかと高15〜20㎝の厚底靴人気。ヤマンバ（黒い顔に白い髪のギャル）が登場

よくしてたな！　めっちゃ楽しかった（笑）。しまいには滑らないで飛び降りたりして」

トンちゃん「今思うとよく親は黙認してたなぁ。家の中の遊びも外も、いろいろ工夫して遊んでたよね」

あんこ「もうさ、遊びをいかに高度に危険にそれでいて安全に興奮値を高めて工夫するかというのが『子ども成績』をアップさせるための必須だったよね！」

コバ「あとお金もないしこれは自分が好きだから余計にそうかもだけど、なんでも工作して作って遊んでたな。欲しいオモチャがあっても買えないから、似たように自分で作る」

トンちゃん「今の子たちの遊びの貧困さはかわいそうだね……、もちろん自覚はないだろうけど。自分で発想しなくても、我々（遊びのエキスパートたち）が先に全部作り上げちゃってるんだから」

あんこ「たしかに。そうだね、いまは最初からなんでもあるからね。私たちの時に足りなかったものを我々が必死に求めて形にして、結果、今の子たちからその『遊びへの貪欲』を奪っちゃったのかね」

ナカジ「そうかあ。欲しかったけど手に入らなかったモノ、たとえば未来の道具とかを、努力して開発してしまい、今の子はただその完成品を金で手に入れる。皮肉だねー」

トンちゃん「なんか、今の子たちにもっと伝えたいことが浮き彫りにされてきたなぁ。僕たちが大人になれたのって、ちゃんと『子ども』をしてたから、なのかもしれない。いまの子たちは子どもの頃から、大人にさせられてしまってるのかも。うん、皮肉だね、ほんと、それらをうちらが作ってしまったのか」

誕生日会にまつわるエピソード、そこに隠される貧富の差

あんこ「ちょっと話がそれるけど、自分が小学一年生の頃に四十歳くらいの先生がいたじゃない？その先生は、終戦の頃は十歳くらいだったんだよね。つまり30年前の記憶が戦争なんだよ。現在の我々にとっての30年前って１９８８年で、ドラクエ３が発売された年。そんな時代の距離感を考えると感慨深いなあ、って思う」

カッちゃん「子ども時代の記憶が戦争じゃない世代なんだよね、うちら」

あんこ「禁じられた遊び、じゃなくて、『**ファンシーショップ**』でキャラクターグッズ集めたりしてた」

トンちゃん「うんうん、たしかに。今も根強い人気の**キティ**や**キキララ**、**パティ&ジミー**とかね」

あんこ「昔は、キキララって、リトルツインスターズって言わなかった？私は七人のこびとのキャラが好きだったな〜。お弁当箱持ってた！」

セッさん「ファンシーショップのカード集めてスタンプためて。低学年のときは文房具屋さんに行ってたのが、少しお姉さんになった気分だったよね。結構そこで貧富の差を見せつけられたりもしたけど(笑)」

あんこ「誕生日会でプレゼント交換が楽しかった反面、お返しがキツかったりもした現実……。親になってみると、あの頃よくあれだけ子どもにお小遣いくれてたな〜と思うよ（笑）！」

カッちゃん「出た、また誕生日会ネタ（笑）」

トンちゃん「基本プレゼントは手作りだった気が。何作ったか忘れたけど」

あんこ「そーそー！図工が得意な子は手作りするけど、私なんかけったいなもの作りすぎてまったく喜ばれなかった記憶があるよ（笑）！」

平成11年　■2000年問題（2000年になるとコンピュータ・システムが大混乱すると言われた）

トンちゃん「誕生日会は僕ら世代はいろいろあるだろうね！ 暗い話も、ね」
あんこ「暗い話（笑）！」
セッさん「哀しい話？」
トンちゃん「やっぱりさ、家庭の事情で誕生日会できない子とかもいて、呼ばれるけど呼んであげられないから、行かないって子もいたよ」
あんこ「クラスに一人くらいは『呼び出し電話』の家があったよね、そういえば。名簿に㊋って書いてあった」
セッさん「たしかに、あったんだろうね、リアルにいろいろ」
コバ「子どもの頃は残酷だから、相手の気持ちになれなくてケラケラしてたなぁ」
ナカジ「子どもの頃の思い出って、実は悲しいことの方が多いっていう人も少なくないよ」
あんこ「たしかに恵まれた環境に育った人ばかりじゃなかった。子だくさんなのに親が全然家に帰ってこなかったりとか。そんな影響でヤンキーになったり、同じ服ばかり着てるっていじめられたりとか」
トンちゃん「あのヤンキーだったり腐ってたり悪かった奴らが、今（五十歳になって）どんな人生送ってるか、知りたい、読んでみたいって意見は結構あったよ」
コバ「悪かった奴らの今かー それは知りたいな～」
あんこ「でもそう考えると、今の時代も貧困家庭っていう意味では、あまり変わらないかもしれないよ」
トンちゃん「いや、逆に今の子たちの方が、心が貧しいかもしれない」
セッさん「それは本当にそう思う」

あんこ「昭和のビンボーな人や、グレた少年たちには、愛と強さがあったよ（笑）！」

トンちゃん「昔はよかったってよく言うけど、たしかにそういう境遇でも、『まあよし』として、なんとなく社会が寛容で『なんとかなる』みたいな感じで、貧乏でも心はあったかいみたいなところがあったような気はするよね。競争社会じゃなく、いろんな子どもがいて、なんとなく皆受け入れて。もちろんいじめとかもあったし、悪いヤツもいたけど。今と質が違うよね」

セッさん「そうだね。今の社会が必要以上に言ってる『平等』とは違う救いの手があったかもしれないね」

あんこ「そうそう！　なんでも平等平等！　じゃなく、言わなくてもわかるよね？　という、区別、分別があったと思う。それは差別じゃなくてね」

トンちゃん「昔もいじめはあったけどさ、今よりずっと社会が狭かったから、救い合えたのかもしれないよね。小さな世界の話だから、そこで収拾つけてた」

コバ「かもしれないな」

ナカジ「**発達障害**っていうか、ちょっと変わったやつってのがクラスに一人は必ずいたよね。問題児って言われるような。でも、そいつが意外とガキ大将だったり、みんなをまとめるのが上手かったりして。それか逆にイジられキャラだったりとか」

コバ「いじめられっ子っていう対象も、ローテーションみたいなとこもあったよ。なんかいじめられてると、そいつをかばうかおとしめるかどっちか、って感じで、いじめっ子が逆の立場になったり。とにかく子ども同士で解決できていたところもあったかもしれないな」

平成12年　■ハッピーマンデー制度が初めて成人の日に適用される

あんこ「そう、そして大人も子どものこと、今よりきっと見えていたんじゃないかな。一緒に遊んだり干渉したりしてなくても、目に見えるところでしか問題は起こっていなかった。今は、見えないところで深い問題が広がって、子どもはそれを大人に言えずにいる」

トンちゃん「う〜〜ん、誕生日会から見える当時の社会構造と、子どもの世界。深いな！」

俺たち自身がのび太だったんだ。それに気づかないでドラえもんの道具を作ってきた

あんこ「見えない場所（ネットの世界）まで行かれる世の中になって、どんな風にでも隠れられるようになって、嫌なことを無理矢理させるのは暴力だとか言われちゃうから引きこもりも生まれて……」

カッちゃん「顔も見えない不特定多数が、ガーっと誰かを徹底的に貶めたり、っていうのがほんと怖い。寛容さがなくなってる」

あんこ「結局、この便利すぎる**ネット社会**がほとんどの問題を作ってるような気がしてくるね。そして、それらを生み出したのはまさしくドラえもんに憧れた我々世代……五十代前半や四十代後半で役職についた我々が『これだ！』って言って作った時代」

ナカジ「あーそうだね、うちらがそれ（便利な世の中）を求め、それが幸せだと信じて邁進して来た結果だよ。子どもの頃憧れた世界を大人になって作り上げて、なんでも便利で、それが幸せだと思って」

トンちゃん「よくある結論かもだけど。でも本当にそれ幸せ？っていう」

あんこ「ドラえもんを生み出した藤子・F・不二雄氏は、そこまで考えてたかな？」

カッちゃん「彼の短編ＳＦには、地球の暗い未来や、皮肉なオチとかかなりあるしね。ドラえもんと真逆。ドラえもんのような平和な未来を期待していたのかもしれないよね」
トンちゃん「古き良きバブルの時代がはじけてから生まれたインターネット社会、子育ての中で求めてきた便利さが今の子どもたちをどう導いたのか……ってことか」
ナカジ「行き着くこれからの未来は、もう一度取り戻すべき『未来の昭和』なんじゃないか？」
トンちゃん「それだ」
コバ「結局、ドラえもんでも、秘密道具は超便利だけど、使い方間違えると悲惨という、毎度のび太がやらかしているあれだよな。つまり、俺らはのび太か（笑）!? だから藤子・Ｆ・不二雄はわかってたんだろうなー。今言いながら思った」
トンちゃん「そうか！ 我々はやはりのび太でしかなかったのか」
あんこ「のび太だ！ うん（笑）！」
トンちゃん「ノストラダムスレベルの想像力だな！」
ナカジ「便利さを追求した結果、失ったもの、見捨ててきたものがある。昭和にはそれがあったんだよね、きっと」
トンちゃん「原点はやっぱりそこで、それを五十歳になった我々がもう一度見つめ直して、これからの世代を育ててあげなきゃいけないんだよね。我が子だけじゃなくて、後輩たちに対しても」

平成12年 ■新５００円硬貨、新紙幣２０００円札発行。海外では20ドルなど「2」の通貨が一般的として発行したが浸透しなかった

平成に失ったものをアナログで取り戻そう

あんこ「こういう『見えないものを絞り出して行く会話』って、ミラクルを感じるなぁ」
セッさん「うんうん、五十になって、老後に向かう私たちがどう生きるべきか、それがテーマだね」
トンちゃん「そうなんだよね」
あんこ「同じ話を数日前に同級生からも聞いたよ。みんな悩んでる。このままでいいの？って。我が子、そしてその先に、こういう時代があった、というのを伝える作業をしなくっちゃ、って」
トンちゃん「そう、それを残すこと」
あんこ「うんうん」
カッちゃん「このままでいいのか？ほんとそこだよね。上の世代の老後とは違うんだよね」
あんこ「そうなんよ！うちらの親はまだ年金で暮らせる。あの頃は保険も積み立てもしっかりできてた」
セッさん「でも、私たちはそうは生きてないんだよね」
トンちゃん「そうなんだよねー！」
ナカジ「うわ、老後どうなるか、怖いよね。寿命は自分じゃ決められないし」
トンちゃん「だから今、『大切なものは何なのか』に気づく時期がきてるんだろうね」
あんこ「あー！そうだね！それがテーマだね！」
トンちゃん「だから、大切なものを伝えたい、残したい、という気持ちになる。大切だと信じているもの、三十歳の時は言えなかった、まだハッキリしていなかったことが、今ようやくハッキリしてきたんだよね。

『大切だと、信じているもの』」

全員「おおお～（笑）」

トンちゃん「この歳だから感じはじめた、モヤモヤした気持ち。四十歳の時はここまで絞り出せなかったかもなぁ」

あんこ「たしかに、このモヤモヤすごしてしまった十年は意外とでかいかもね」

トンちゃん「でかい！」

あんこ「四十歳の時はまだ若いって思ってたし、未来への不安もまだ漠然としていた気がする（笑）！」

セッさん「確かに！あのときはまだ、自分は何者かになれるんじゃないか！って思ってた（笑）」

トンちゃん「恋愛とか転職とかも、まだまだできると思ってたな。そうか、五十歳になるって、先を本気で見ていくってことなのか」

あんこ「追い込まれないと道って見えてこないのかもしれないね～」

トンちゃん「我々が五十歳になって考えるべきこと。この本を通じて言いたいことは、『未来の昭和を作る』ってこと！か！」

あんこ「昭和から平成って、アナログからデジタルへ、の象徴的な時代だったけど、平成から令和になって、アナログを取り戻そうってことか。レコードも復活したし。

『未来の昭和』

どうやらそれがテーマになるのかもしれないね」

平成12年　■携帯電話の機能・iモードブーム（出会い・着メロ・待ち受け写真等）

みなさんから投稿された『そういえばこんなこと思い出した』エピソード集（2）

【釣りは男子が一度は通る道】

釣りキチ三平の影響か？　釣りをする男子小学生は多かった。サラリーマンのお父さんの休みはまだ日曜日だけだった時代、日曜日に釣りに行く親子も結構いた。父親の影響で始める子どもが多かったので、親が釣りをしない家庭には、釣りは無縁だったかもしれない。ぼくたち男子は、結構魚のことに詳しかったが、お父さんほどではなかった。

【コロコロコミックから明星・平凡へ。いつの時代も親は、子どもが楽しいと思う本を「くだらない」と評価するのだ】

小学生の頃は、男子なら『少年ジャンプ』『少年マガジン』『少年サンデー』、そして『コロコロコミック』。女子なら、『りぼん』『なかよし』『ちゃお』が「愛読書」の王道だったが、中学生になって、一気にそれらが『明星』『平凡』に切り替わる。マンガ好きの女子は『別マ（別冊マーガレット）』に移行するパターンも多かった。

透明の下敷き（カードケース）に『明星』『平凡』からアイドルの写真記事を切り抜きして挟み込み、その下敷きはだんだん膨らんできてしまって、下敷きとしての役割を果たせなくなってくる。

【聖子派　明菜派　だけでもない】

主流はこの二本立てだったが、自分は「**堀ちえみ派**」。友だちには、**早見優派**や**河合奈保子派**もいて、本当に聖子・明菜派が絶対数だったのか、ちょっと謎だ。でも堀ちえみ派はなぜか肩身が狭いようなへんなカーストがあったように思う。

自分で初めて買ったレコードは、**中森明菜**の『セカンド・ラブ』。思い返すと中学生時代から今に至るまで、歴代、陰のある女性に惹かれてしまうという現象は、ここから始まったように思う。この時、松田聖子や小泉今日子のレコードを手にしていたら、きっと違う人生になっていたに違いない（笑）。

【ご馳走、それは旗付きお子様ランチ】

コンビニがなく、ファミレスも「**すかいらーく**」くらいしかなかった当時、外食でのご馳走といえば、「お子様ランチ」だった。デパートに行った時、出張に出る父を見送りに空港に行った時、そんな特別な時に食べるご馳走は、決まって「お子様ランチ」だった。それにしても、なぜあんなに、チキンライスの上に飾ってある国旗に惹かれてしまっただろうか。きっと、特別なランチを食べた上に、国旗まで貰えるというスペシャルな世界に惹かれたんだろう。お子様のお昼には「オマケ」という発想は、きっとここから来ていて、マクドナルドのハッピーセットは、元を正せばお子様ランチに由来していると言っても過言ではないだろう。

平成13年　■東京ディズニーシー、ユニバーサル・スタジオ・ジャパン開園

【レコードのレコード】

親に初めて買ってもらったレコードは、『**およげ！たいやきくん**』だった。言わずと知れた、『**ひらけ！ポンキッキ**』から生まれた大ヒットソングだが調布の西友の屋上に**子門真人**が来た時は、もの凄い騒ぎだった。小さな子どもに彼の歌っている姿は見えるはずもなく、ただただ、その熱狂ぶりにビックリしていたのである。そしてなんと未だにこの売上げ記録は抜かれていない！この現象はまさに歴史的だったのだ。レコードのレコード（記録）をこれからも維持し続けてほしい！

【あの頃のお正月は、お店は全部お休み】

なのでお正月前に食材を買いだめするのが当たり前。段ボールに野菜など、買った食材を詰め込み、自転車の後ろの荷台にゴム紐で縛りつけって帰った。最近は、このゴム紐を見かけない。子どもたちは、お年玉をもらうとすぐに使いたくなるのだが、当然、元旦におもちゃ屋も開いてはいない。そこで定番だったのが、空き地での凧上げだ。紐をいくつも繋いで、高さを競い合った。まるで、希望や夢の高さを競い合うように。

【沖田浩之の瞳に憧れ、セロテープで目張りしたな】

中学生時代は、竹の子族から生まれたヒーロー、沖田浩之に憧れていた。ところが、向こうは目がキリッとしているが、こちらはタレ目……。そこで思い付いたのが、寝る前の目張り。目尻にセロテープを付けて、目をつり上げるのだ。これで、沖田浩之の完成！ 明日から、沖田浩之だ！と良い気分になって寝るのだが……朝になると、セロテープが剥がれ落ちていて元の姿に戻り、愕然とするのだ（笑）。

岡田有希子も沖田浩之もエックスジャパンのヒデも……憧れた人たちが先に旅立つ。五十歳ってそういうことを受け入れていく年齢だよね。

【リアル暴走族】

1980年前後が最盛期とされている暴走族。今もときどき爆音のバイクを見かけることはあるが、あの当時の暴走族は、リアルな暴走集団だった。警察庁の1980年11月調査では、全国で754グループ、3万8902名の暴走族が確認。これは同年6月に比べて10・8％増の数字（女性暴走族は948名から1426名に増加）だったそうだ。低年齢化も進み、十五歳以下の構成員は1976年当時の47名から1208名へと約二十五倍に。1981年にもグループ数はさらに増加し、835グループが確認され、8255名が検挙（前年比82・5％増）された。（『不良少年小史（1）』『不良少年小史（2）』より抜粋）決して褒められた話ではない。今子育てをしている親の立場で、こんなことを言ってはいけないけれど、あの頃の暴走族は本当にイカれていたし、イカしていた。していることはメチャクチャで、親にも社会にも迷惑をかけていた。でも、戦争していたときの狂った社会や、学生運動をしていたオレらの親も、似たようなものだったんじゃないのかなぁ。

その後、チーマー・アメカジの出現で、『暴走族』が『ダサイ』存在になり、消えてゆく。

平成13年 ■9月11日、アメリカ同時多発テロ事件発生。死者は2996人、ワールドトレードセンターが崩壊したティーンズロード、ヤンキー雑誌、ビーバップに湘南爆走族、ホットロード……ああ、めちゃくちゃだったあの頃。あの頃だって「ダサい」って思ってたけれど、どこかで憧れていた。いなくなってしまうと妙に寂しさを感じる。

【小学生の頃の遊びの半分はいたずらでできている】

アメリカザリガニやミシシッピーアカガメ（**ミドリガメ**）は縁日でもらってきて、大きくなったら井の頭公園に放していた。ザリガニがバケツいっぱいたまると五日市街道に投げて、トラックに轢かれるのを見て楽しんだ。ブランコにくっつけて、ブランコ同士をぶつけて潰したりもした。

ガンプラが発売されると、朝の五時から並んでいた。当時は**プラモデル屋**さんが人気で、駄菓子屋の次に集まる場所だったかもしれない。半田ごてで切って「ジオラマ」写真などリアルな映像を作っていた。

【チューリップといえば、心の旅……じゃなくてパチンコ】

今でこそ、「パチンコ店に子どもを連れて行く」というと、車内に置き去りにして熱中症で子どもが死亡というニュースが真っ先に頭に浮かんでしまうが、昔は時々親にパチンコ店に連れて行ってもらったりした。指で弾くあの感触は子どもの遊び感覚としても楽しいものだった。チューリップが開いたり閉じたりするのを見ているだけでワクワクする。ジャラジャラジャラ〜〜〜と玉がこぼれ出た時の快感と、帰り道にたくさんのお菓子が入った大きな紙袋をもらえると、もう夢の国かと思うほどだった。

ある日、いとこの家に行くと、和室にパチンコ台が置いてあった。「中古を買ってきた」とおじさんが言い、その日からしばらくいとこの家に連泊した。大人になってからは行かないが、子ども時代のパチンコは、ギャンブルとはほど遠い、キラキラとワクワクが詰まったアイテムだったな。

【クラリーノの学生カバン】

中学校の時、学生カバンをぺたんこにするために、セロテープでベタベタにした。革のカバンは熱湯で柔らかくして、布団の下に敷いて寝るとか言われていたけれど、「**クラリーノ**」はつぶれないカバンだったので、いつもセロテープ巻きだった。

それと、なぜかサイドバッグ的な存在として「**紙袋**」を持つのが流行っていた。学生カバンの柄のところに紙袋の持ち手を引っ掛けて持つスタイルで。もちろんお店でもらうものではなく、ファンシーショップなどで買う「サンリオなどの絵柄のかわいい紙袋」がトレンドだった。

【バブル崩壊とその後の自分たち】

バブル崩壊とともに、平成の大不況が来て、二十代前半を駆け抜けてきた。大学を卒業して一流企業に就職して、が一線だと思っていたあのころ、独立なんて考えていた人いたかな？ どんな思いで仕事を頑張っていたのかな？ この先どうなると思っていた？ みんながどう生きてきたのか、どうしているのか知りたい。

平成13年 ■国内で初の狂牛病発症

『昭和ハウス』館長 冨永 潤さん（昭和四十四年五月 三重県伊賀市生まれ）のお話を伺いました

『昭和ハウス』という生業

「マッコの知らない世界」というテレビ番組に出演したことで全国的に知られた冨永氏だが、同番組に出る前から、業界内ではわりと有名な人物だったという。この場合の「業界」は、「昭和グッズ業界」ではなく、「映画／テレビ制作業界」である。

彼は、「昭和製品のレンタル」を生業としている。昭和のワンシーンなどで出てくる家庭用品や家電などを自らのコレクションから貸し出しているのだ。「業界」が目を付けているのだから、そのコレクションは、応接間に置いてお客様に自慢する程度などでは到底ない。倉庫二つにびっしり商品が置かれ、奥に何が置いてあるか発見することも困難というレベルだという。テレビでマッコさんも驚いていたが、これまでに昭和グッズにつぎ込んだ費用がなんと七千万円！ ななせんまんえんってなんぜんえんだ？ なんとななまんせんえんだ！ なんのこっちゃ。

私たちだって、そりゃあ懐かしい昭和グッズを見つけたらつい手に取ってしまうし、お酒が入った日

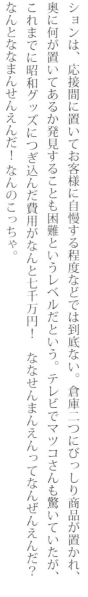

の夜にネットショップで目についたら、勢いで「お買い物カゴ」に入れてポチッとしてしまうかもしれない。しかし、この人の「昭和」への愛着心はその金額の通り、二桁か三桁くらい違う。

初めて昭和の思い出を手にしたのは、〈大きなのっぽの古時計〉ならぬ〈**壁掛け時計**〉だったそうだ。子どもの頃、ネジを巻くのは子どもの仕事で、振り子の揺れる箱に入っている鍵を、食卓の椅子に乗って手で探り、背伸びをしてゼンマイを巻いたあの感触は、何人かにも覚えがあるだろう。

古さを木片に宿らせたフォルムと、勇ましい時代を生きた証のような、デジタルに負けない強さと精巧さを持つ掛け時計を手にし、それを磨いたり修理したりしているうちに昭和の家電に徐々に魅せられ、過去作られた名作たちを買い求めたい欲求が芽生えていったという冨永氏。昭和グッズへの興味は留まることを知らず、気がつけば、倉庫二つ分のコレクションになっていたというのだから、これはれっきとした「オタク」の称号を与えられる功績である。

昭和四十四年生まれの同志に、こんな偉業を成し遂げた人物がいたとは、素直に驚き、そして感激してしまう。

同級生のみなさんも、かつては、**スーパーカー消しゴム**や**ガンプラ**、**リカちゃんシリーズ**や**ファンシーグッズ**を集めていたであろう。いつ？ それをゴミにしたんだっけ？ 心を少し痛めながらも、限られたスペースの中で新しい生活を始めるために、やむなく手放したあの「昭和の思い出」たち。記憶の中からは決して消すことができなかった青春の何ページかを、もしかしたら昭和ハウスの中に見つけられるかもしれない。そんな喜びを冨永氏は与えてくれている。

平成14年　■小柴昌俊がノーベル物理学賞、田中耕一がノーベル化学賞を受賞

関西育ちの昭和時代

そんな冨永氏だが、若い頃からずっとこのコレクションをしていたわけではなく、中学生の頃は、ごく普通の中学生で早見優のファンだったという。初めて買ったレコードは「**ラッキーリップス**」、前髪を一部伸ばしてチェックの服を買いに行く、などは、全国共通的に我々世代の誰もが通った道だろう。三重県伊賀市の中学校には「強（こわ）い人」がたくさんいたので、「なるべく絡まれないように」日々念じながら過ごしていたそうだ。

その後工業高校で天文部に入り、部員が一人だったので部長を務め、山で星を見たり、曇りの日でも「天体観察です」と言って学校に泊まったりしていたので「お前、それは遊んどるやろ」と先生に苦笑いをされたりしたと笑顔で話す。

屋根に上る理由は、星を見るだけではなかった。三重県は、名古屋と大阪のどちらの局のテレビも見られるという好立地で、ラジオはさらに遠くの電波を拾えるため、屋根に上って「**ヤングタウン**」や「**早見優のサムシングYOU**」を聴いて過ごした。星を見ながら早見優の声を聞くという至福の時間は忘れられない。

さて、強い人に絡まれないよう過ごしてきた彼だが、「どういうわけか高校に入ったら、ツッパリグルー

プのトップとか、めっちゃ恐れられていた先輩とかに可愛がられる傾向にあった」そうだ。

　中学生の頃、友だちと映画「**ビー・バップ・ハイスクール**」を大阪まで観に行った帰りのこと、この手の映画を見た後に湧き上がる感情を抑え切れなかった友だちが、大阪の高校生と喧嘩になり、相手をボコボコにする現場に立ち会ってしまった。止めることも押さえることもできず、相手が血だらけになっていくのを見ていたら、通りがかったサラリーマンのおっちゃんが「にいちゃん、そんぐらいにしときや」と言ってくれたのでホッとした。というエピソードや、高校の頃には、「俺の学生服をお前にやる」と先輩にもらった学ランが、隠しポケットに裏ボタンがついたコテコテの**長ラン**で、自分はそういうタイプではなかったのだけれど、なぜかドヤンキーの服を着て高校時代を過ごすことになってしまったというような話をしてくれたのだが、今の冨永氏の印象からはちょっと想像もつかない。

　ここで発表していいかどうかはわからないが、冨永氏が通っていた学校の思い出話は、なかなかディープで、当時ならではのものだった。（詳しく書こうとしたが、やはり昨今のコンプライアンスに触れそうなので、やめておこう。簡単に言えば、昔の先生は間違いを体当たりで子どもたちに教えてくれていたっ

平成14年　■ファッションではB系(ブラック系)ストリートスタイルが流行。ソフトモヒカンにクロスのペンダント

平成14年　■ムービー写メール（J-フォン）の登場。画像を携帯電話のメール機能で送ることを「写メ」というようになる

てことだ。そこにはきっと愛情があったはずである！）

古いことは新しい！

《もしもタイムマシンがあったら》という質問に、冨永氏はこう答えてくれた。

「中学に戻って、『このあと、もう少しおもしろいことがあるよ！』と、自分に言ってあげたい」と。

　確かに、今の冨永氏の生活は非常に面白そうだ。すごく古いものを扱って、すごく新しいことをしている。ユーチューブを毎日更新して、最新の映画に協力している。このリサイクルは最強だ。これはやはり「昭和」の精神を持ってしてないとできない仕事だろうと思う。昭和愛があればこそ、ここまでこだわった収集ができるのだと思う。

「これからの五十年、どんな風に生きたいですか」

と質問すると、

「伊賀市を大きく発展させたい。**昭和と映画の博物館**を作りたいですね」と。

「すごいですね」と言うと、子どものような笑顔で「そんなことないですよ」と答える。彼がそう言うと、なんだかニコニコと楽しそうなもんだから、「そんなこととなく、できちゃうのかも？」なんて、ちょっと拍子抜けしてしまう。

ああ、なんとなく彼がほんわかとしているのは、同世代特有の「なんとかなるよ」の雰囲気と毒舌あざらしとゲスくまのトレーナーのせいかもしれない（笑）。

（文責　小池朝子）

コロナの影響でいくつも収録が中止になり、散髪に行かれなかった間に懐かしのチェッカーズヘアになってしまいました（冨永氏談）

平成14年　■「キン肉マンII世」「機動戦士ガンダムSEED」など昭和のアニメがリニューアルされ人気

冨永氏のコレクションは、一見の価値があります。
伊賀市まではちょっと遠いかもしれませんが、ぜひ一度お問い合わせください。

【昭和ハウス】
〒518-0877 三重県伊賀市上野下幸坂町 1240-2
TEL 0595-21-1226
携帯 080-5102-9590
FAX 0595-23-3304

【ザ・昭和レトロチャンネル】
https://www.youtube.com/channel/

平成14年　■多摩川にアゴヒゲアザラシのタマちゃん出現

全国からのお便りまってまぁ～す！

作文募集！

あんな話、こんな話……ウフフ

◆昭和44年生まれです。仲良くしてくれる人、あの頃の話をしませんか？
〈ペンネーム　まこっち〉

♥ガンダム、キン肉マン、ファミコン世代です。あの頃見たアニメ、ゲームにコッてた話、送ってください！
〈ペンネーム　Qちゃん〉

♣ママレンジ・リリアン・リカちゃん人形持っていませんか？写真送ってください！
〈ペンネーム　レイコ〉

自慢話・マニアックな話も大歓迎！

♠小学校の時の給食で好きだったメニュー教えてください!!
私は黒糖パンが好きでした～♡
〈ペンネーム　チップス〉

◆ハチロク、シルビア、セリカに乗っていた人、愛車の写真を見せ合いませんか？
今何に乗ってるかも知りたいです！
〈ペンネーム　今もオレはMR-2〉

♥あの頃のCMで記憶に残ってるシーンってなに？
（「大きくなれよ～」とか、ライオネスコーヒーキャンディとか　笑）
〈ペンネーム　ようこちゃん大好き〉

第5章の作文用紙の利用も可です（笑）

【作文の送り先／お問い合わせ】

info@studio-k.co（スタジオK　担当：小池）

第3章　同世代アンケート

●回答者性別

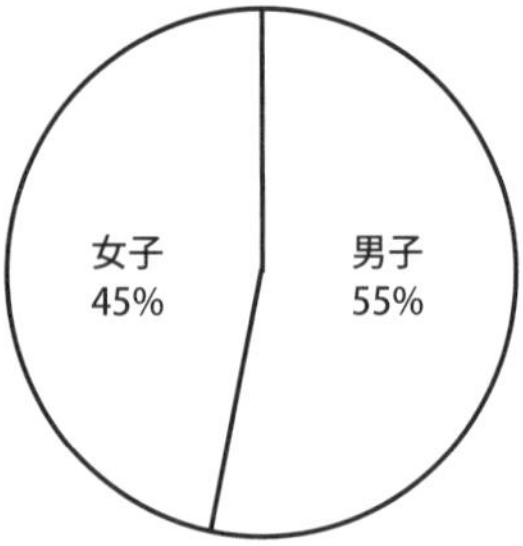

●回答者出身地

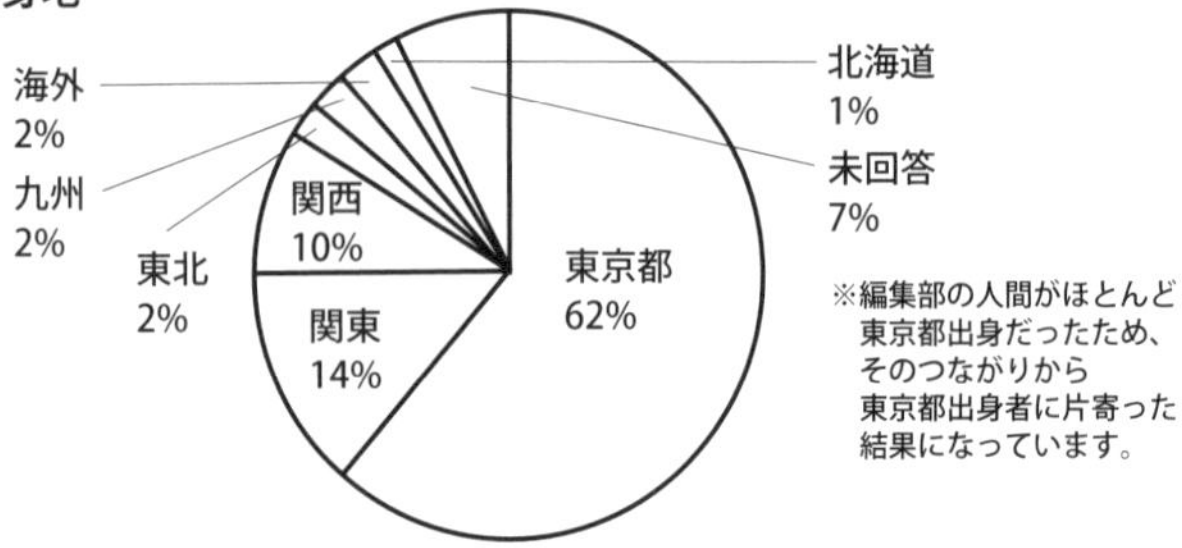

※編集部の人間がほとんど東京都出身だったため、そのつながりから東京都出身者に片寄った結果になっています。

●既婚率

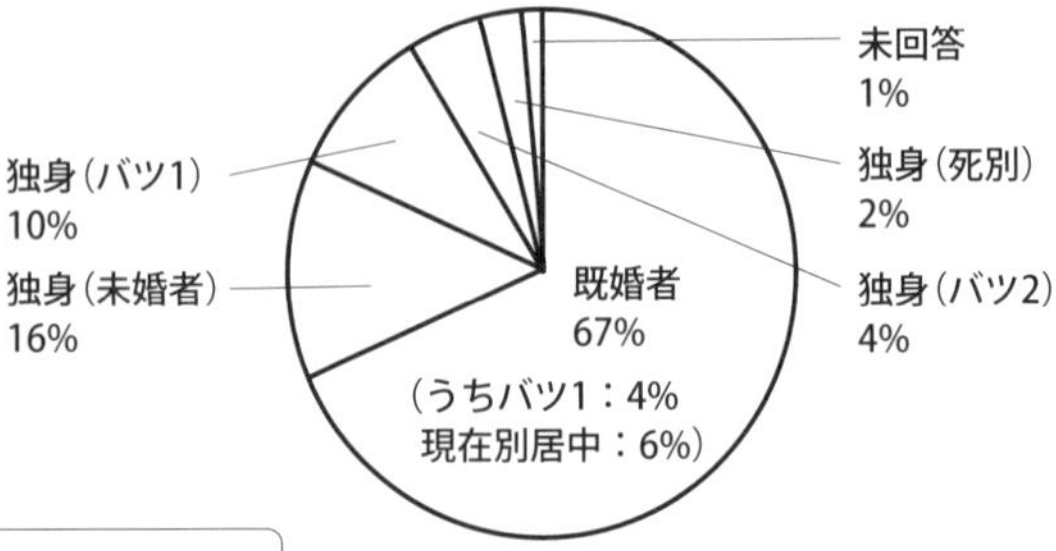

【編集部からひとこと】

結果を見て、正直もっとバツイチや未婚者が多いと思っていた。

勝手な考察ではあるが、こういうアンケートに答えてくれる人は、比較的正統派な方が多いということなのかもしれない（失礼!）。

ちなみに私の学生時代の友人（5人グループ）の内訳は、バツイチ2、未婚者2、既婚者1と、圧倒的に正統派既婚者が少ない。まあ、俗にそれを「類は友を呼ぶ」とも言うのだが。

平成15年

■ 小惑星探査機「はやぶさ」打ち上げ、平成20年6月13日、60億kmの旅を終え、帰還した

●子どもについて

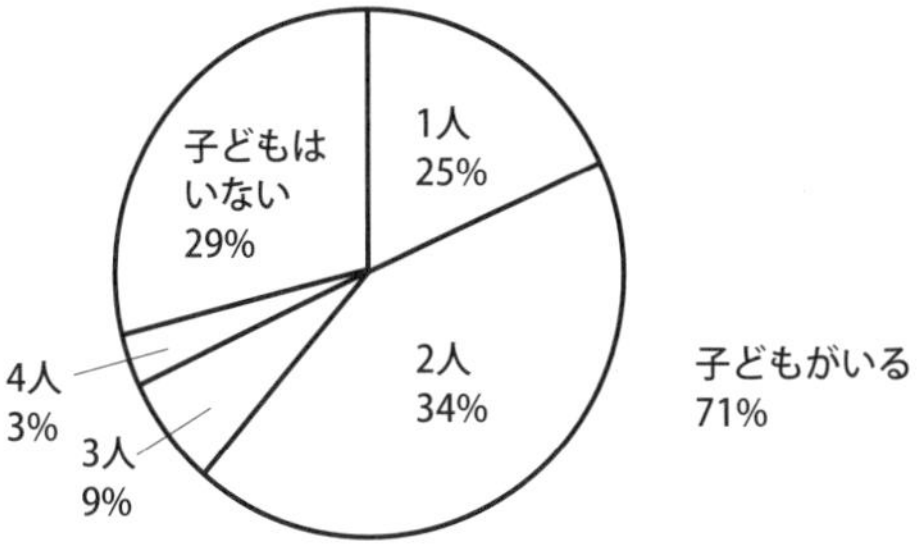

これに対して、自分たちのきょうだいは（自分を含めて）

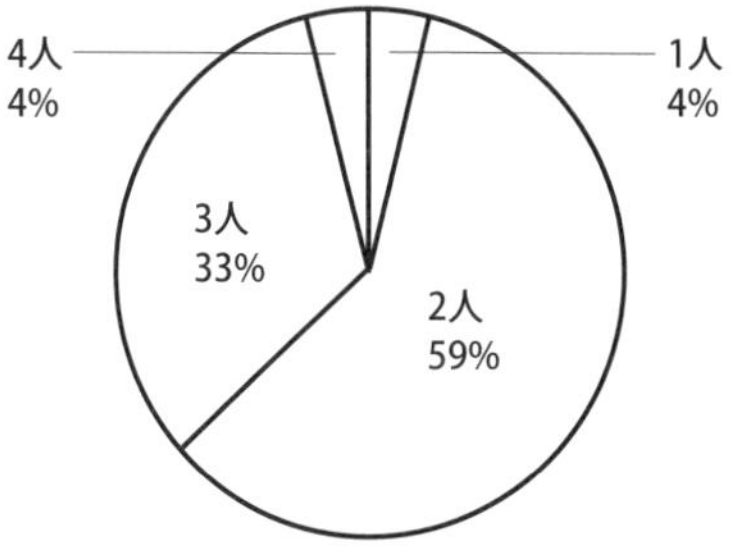

【編集部からひとこと】

こうしてみると、やはり少子化なんだな〜と感じます。

そして、第一子が生まれたときの自分の年齢の平均は、32.4歳！

20代で第一子が生まれた人が37％なのですが、そのほどんどが29歳か28歳、一番若い年齢が24歳でした。半数以上（57％）が30代で第一子を授り、40代が6％という結果でした。

親の年齢を考えると、我々はバブル後しばらくは、子育てよりも自分の時間を大切にしていたのかなと思えます。

●中学校は公 or 私／男女校 or 共学？

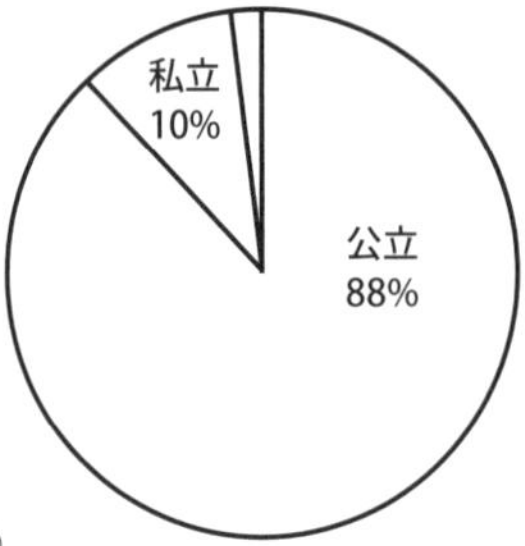

【編集部からひとこと】

中学受験をした人って、だいたい学年に1人か2人くらいじゃありませんでしたか？ 今の子どもたちは、クラスの1／3くらいが受験するっていう話ですから、大変ですね。

……と、「大変ですね」と書いてみましたが、そこも時代が違うというか、「小学校5、6年生の頭のやわらかい時にしっかり勉強の習慣をつけて、中学3年生という多感な時期は、受験勉強よりもスポーツや趣味に時間をかけてほしい」という親（つまり我々ですね）の考え方に基づいていると聞きます。

言われてみれば納得！という部分もありますよね。

「受験」の考え方も、だいぶ変わってきたんじゃないかな、と思います。

●高校は公 or 私／男女校 or 共学？

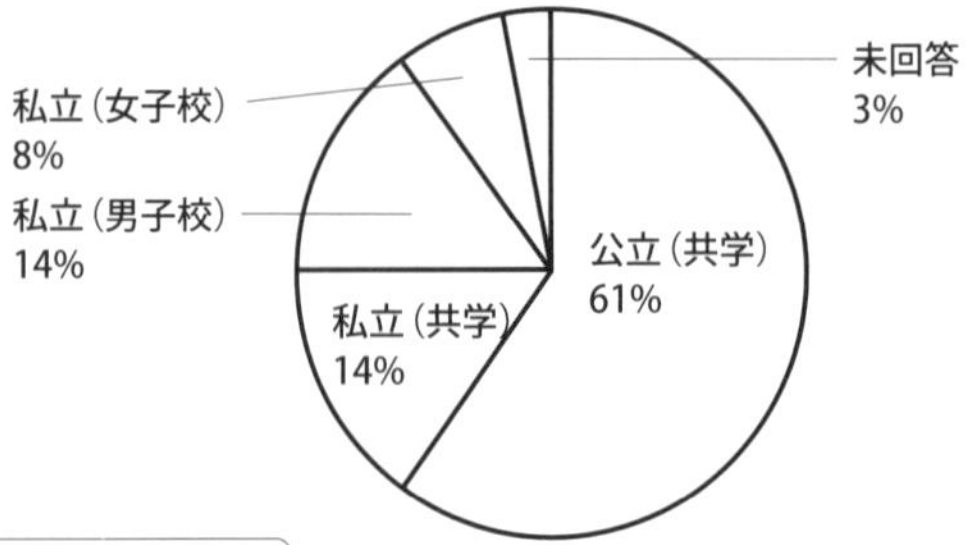

【編集部からひとこと】

本文にもどこかにありましたが、当時は「公立に行くのが一般的」で「私立に行くのは家が裕福か頭が悪いか」みたいな流れがあったと思います（あくまでも当時の考え方ね）。

これも今は全然違いますね。公立高校のレベル低下と、私立高校の充実化で、我々の時代とはかなり変わったのではないでしょうか。

●初めてお酒を飲んだ年齢は？

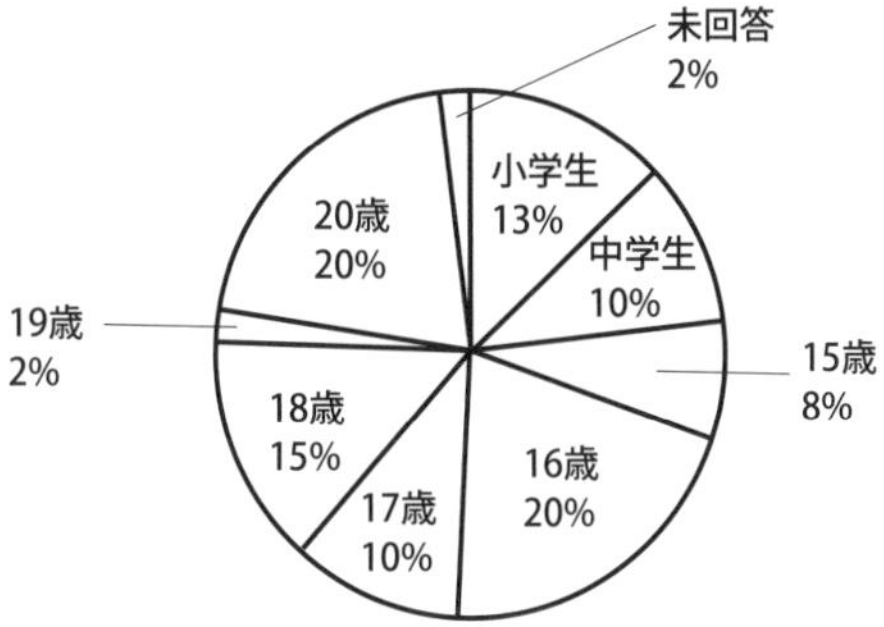

●喫煙しますか？

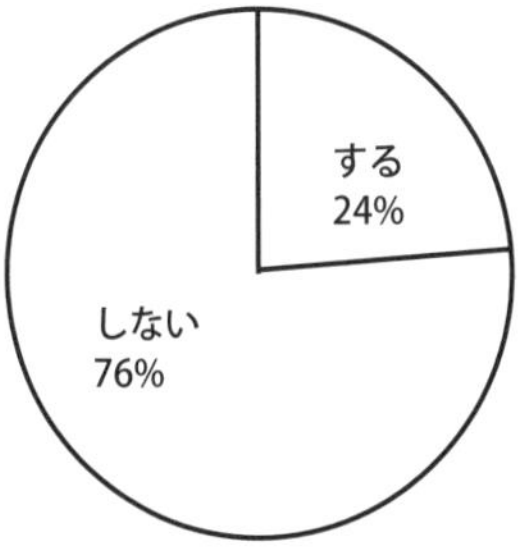

●初めてタバコを吸った年齢は？

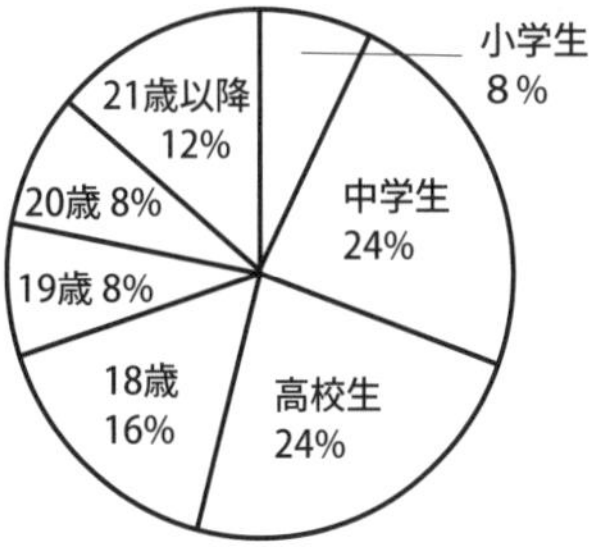

【編集部からひとこと】

この回答はコンプライアンス的に掲載はやめようかとも思いましたが、やはり時代の移り変わりを象徴していると思ったので、載せることにしました。

未成年者の喫煙、飲酒はもちろん当時から法律で禁止されています。

でも、多くの人は一度はお酒もタバコも経験があり、そして時代の流れから喫煙者はどんどん減りました。

飲酒も、飲酒運転も、過去のたくさんの事故から規制が厳しくなり、今の現状に至っています。考えるところ、感じるところが……ありますよね。

●初めてのデートはどこに行った？

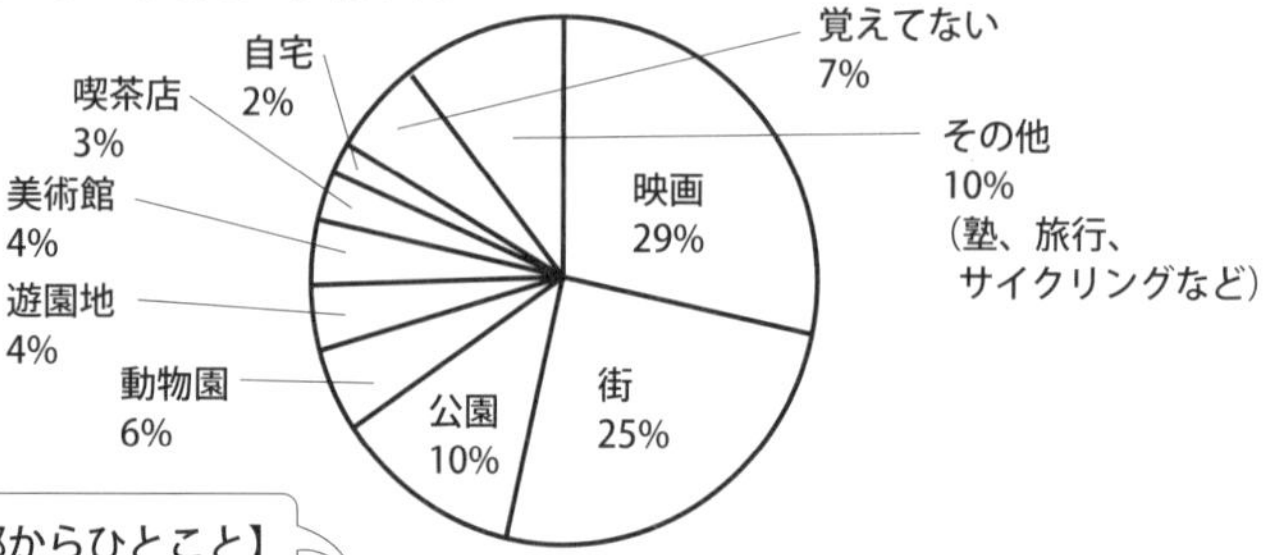

【編集部からひとこと】

「映画見に行こうよ」は定番でしたよね。公園や、喫茶店も。

今の子どもたちに聞いたら「カラオケ」が多かったです。カラオケボックスができたのなんて、19才くらいのとき？ 本当に『ボックス』でしたよね〜！

アンケートに「ナンパしたことある？」「されたことある？」という項目を入れたかったのですが、そういう質問に渋い顔をする人もいそうだな〜と思ってやめました（笑）。

でも、当時「ナンパ」って流行ってましたよね。湘南の海やディスコでの思い出とか、実はみんなちょっとはあるでしょ？

●タイムマシンがあったら、どの時代に戻りたい？

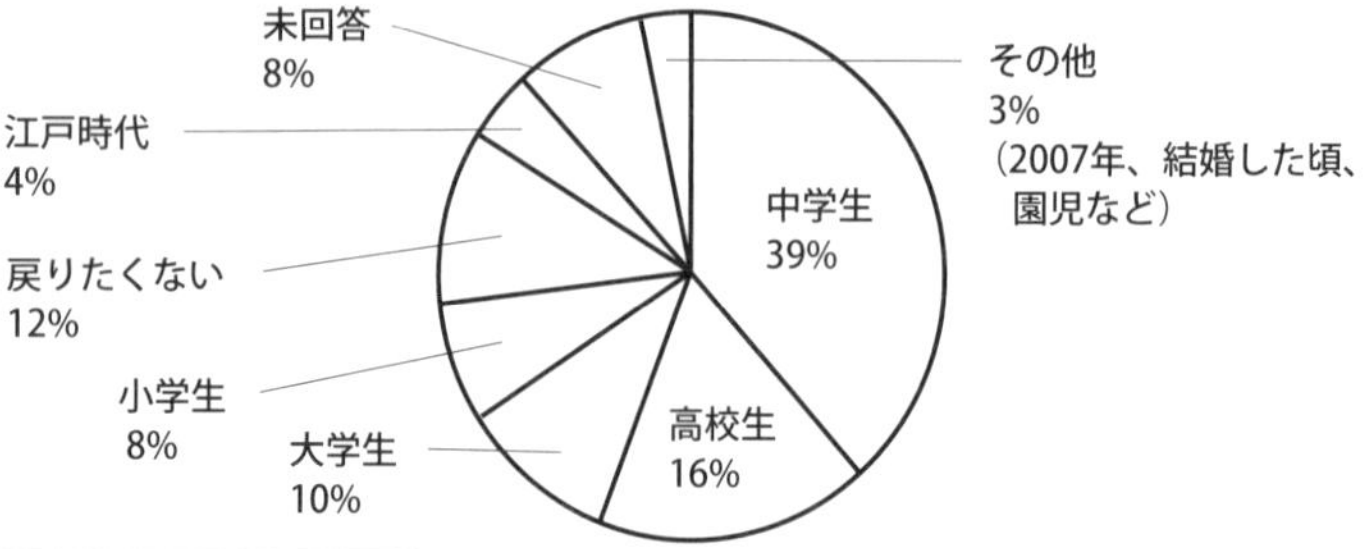

【編集部からひとこと】

80年代に戻りたいという回答が、全体の7割程度を占めていたことが印象的でした。

それと、「戻りたくない」という回答も意外と多く、もう一度やり直すのが面倒だという声と、今の人生に満足しているという声に分かれていました。

面白かったのは、「江戸時代」と回答した方が少数ではありましたが、複数名いたこと（笑）。

そう言われてみれば、私も江戸時代には行ってみたいです。

平成15年 ■地上デジタルテレビ放送が東京、大阪、名古屋で開始

●ガキ大将っていた？

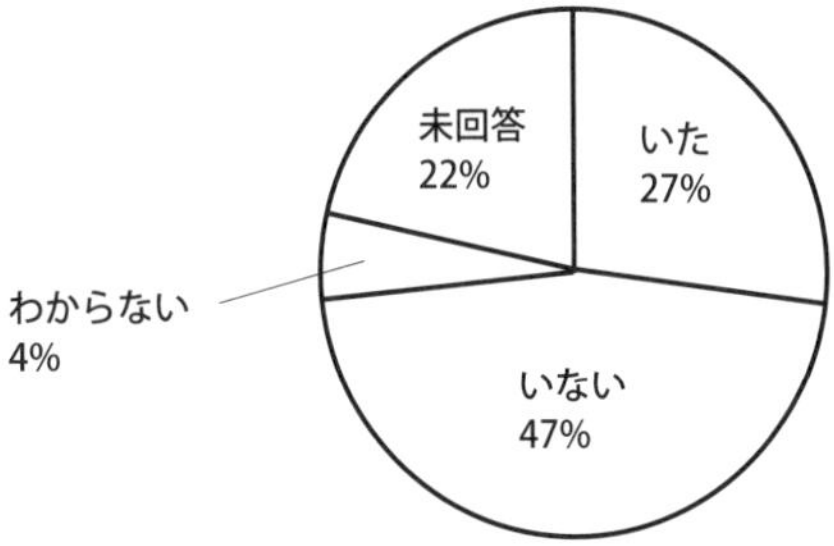

【編集部からひとこと】

実は、この質問は「いた」という回答を求めて作ったものでした。

しかし、意外にも？というか、「ジャイアンほどの人はいなかった」という答えも多く、「ガキ大将」というイメージ像があまりにもはっきりしすぎていたのかな？とも思いました。わんぱくな男子はいたけれど、「ガキ大将」というカテゴリーにあてはまるのか？と、基準がよくわからなかったのかもしれません。

私の町には、はっきり「ガキ大将」がいました。リーダーとしてどのシーンでも先頭に立ち、力もケンカも強くて、仲間を絶対に守るタンクトップに半ズボンで色黒の男の子でした。

中学校に入って転校してしまったけれど、転校先では生徒会長をやっていると噂で聞いたことがあります。

私の町に「空き地の土管」はなかったし、彼は大声でリサイタルもしなかったけれど、彼がいてくれたことで、年齢関係なく子どもたちがいつも近所の駄菓子屋やその隣にあるポンプ場という空き地に集まって遊ぶことができたんじゃないかなと思っています。

どこかでこの本を手に取っていてくれたら、連絡ください、ショウちゃん！

【好きだったマンガ】

（複数意見）

「キャンディ・キャンディ」

「ドラえもん」

読まなかった
「はいからさんが通る」

「ベルサイユのバラ」

「ブラックジャック」

週刊少年ジャンプ関連
なかよし
「こちら葛飾区亀有公園前派出所」

（少数意見）

「ドカベン」

「キャプテン翼」

「生徒諸君！」

「有閑倶楽部」

「みゆき」

「Dr.スランプ」

「漂流教室」

「キャプテン」

「ウイングマン」

「めぞん一刻」

「エリア88」

「ファントム無頼」

「あさきゆめみし」

「きまぐれオレンジロード」

「銀河鉄道777」

「さすがの猿飛」

「うる星やつら」

「コブラ」

「プラモキョーシロー」

「トレット博士」

「サーキットの狼」

「ガラスの仮面」

「海賊コブラ」

「タッチ」

「サザエさん」

「魔太郎がくる」

「あした天気になあれ」

「ちいさな恋のものがたり」

「北斗の拳」

「いじわるばあさん」

「日出処の天子」

「俺は鉄兵」

「ワイルド7」

いくえみりょう
PEANUTS（スヌーピー）

少年マガジン
コロコロコミック
別冊マーガレット
週刊少女コミック
りぼん

【好きだった曲】

（上位意見）
サザンオールスターズ
「YaYaあの時代を忘れない」
「勝手にシンドバット」
松田聖子「赤いスイートピー」
洋楽
チェッカーズの曲
（複数意見）
オフコース「さよなら」
アイドルソング（歌謡曲）
80年代ポップス
マイケル・ジャクソン「スリラー」
尾崎豊「I love you」
YMO「東風」「ライディーン」
「スネークマンショー」
B'z「ZERO」
ミスチル
ゴダイゴ「Taking Off」
佐野元春「SOMEDAY」
ピンクレディー「UFO」
「およげたいやきくん」
（少数意見）
「愛はかげろうのように」
「まちぶせ」
「Breakout」
「セーラー服と機関銃」
「思い出がいっぱい」
「君といつまでも」
「モンキーマジック」
「私の彼は左利き」
「勝手にしやがれ」
ツイスト「引金」
大都会「クリスタルキング」
RCサクセション
「スローバラード」
今井美樹「Retour」
大滝詠一「A LONG VACATION」
パンクロック
サザエさんのオープニング／
エンディング
ユニーの歌
「パパとママとぼく」
小さいうちは演歌大好き
早見優の1stアルバム
レベッカ
ドリカム
角松敏生
久保田利伸
山下達郎
稲垣潤一
米米CLUB
大沢誉志幸
吉川晃司
安全地帯
TWISTED SISTER
「We're not gonna take it」
AISIA「Heat of the moment」
A-ha「Take on me」
Kiss
「I was made for loving you」
モンキーズ
「デイドリームビリーバー」
ジャーニー
「アイ・オブ・ザ・タイガー」
「(Just Like) Starting Over」
Dead or Arive
アメリカのオールディーズ
ワム
デュランデュラン
マドンナ
ビリージョエル
フィルコリンズ
スティービーワンダー
アース・ウインド＆ファイアー
ディスコsong

平成16年 ■日本で新紙幣発行（一万円札が福澤諭吉、五千円札が樋口一葉、千円札が野口英世）

【好きだったテレビ番組】

(上位番組)

ドリフ(8時だヨ!全員集合!)
ザ・ベストテン
オレたちひょうきん族
ルパン三世
アニメ番組
カルピス劇場
太陽にほえろ!
カックラキン大放送
夜のヒットスタジオ
ベストヒットUSA
サザエさん
できるかな
欽ドン!欽どこシリーズ
金八シリーズ
みごろ!たべごろ!笑いごろ!
プロレス
大相撲
あしたのジョー

(少数意見)

オバケのQ太郎
ロンパールーム
ひらけ! ポンキッキ
マッハゴーゴー
トムとジェリー
フィオリーナ(カルピス劇場)
ドレミファドン
お笑い番組
野生の王国
UFO関連番組
笑点
パリ・ダカール特集
日本昔話
料理天国
北斗の拳
ビートたけしの「テレビに出たいやつみんな来い」
ヤンヤン歌うスタジオ
白バイ野郎ジョン&パンチ
バイオニック・ジェミー
世界の料理ショー
宇宙戦艦ヤマト
うる星やつら
真田太平記
マラソン
駅伝
クイズダービー
水戸黄門
江戸を斬る
銀河鉄道999
ニルスの不思議な旅
ゴレンジャー
ウルトラマンシリーズ
できるかな
カリキュラマシーン
金曜日の11PM
母をたずねて三千里
欽ドン!良い子悪い子普通の子
大草原の小さな家
夕日が丘の総理大臣
タイムボカンシリーズ
大映の臭いドラマ
クイズ100人に聞きました
アルプスの少女ハイジ
エースをねらえ!
ムー一族
寺内貫太郎一家
池中玄太80キロ
西遊記
熱中時代
天才・たけしの元気が出るテレビ
山田太一脚本のドラマ「男たちの旅路」など
ウルトラクイズ
巨人の星

【印象に残っている先生の特徴】

●小学一年生から四年生までの担任の先生。ふくよかな女性の先生。手のかかる私によくしてくれた。若くして乳がんで亡くなった。
●悪いことをすると背中にもみじしてくれた先生。
●中学時代の数学の先生。黒板たたきがお気に入りのアイテム。指示棒に使っていたが時には警策になる。テストの最中は教室の後ろで社交ダンスの練習をして時間をつぶしていた。厳しさとこわさと優しさがちょうどいい感じにミックスされたおじいちゃん先生だった。
●高校の先生の多くが日教組の活動に積極的で、メーデーに参加するため、毎年メーデーの日は自習が多かった。
●メガネに白衣。
●悪いことをすると背中にもみじしてくれた先生。
●工藤先生が言う「チェコスロバキア」。
●短歌好きなおじいちゃん先生(小学五・六年の担任)。
●目が大きい。
●毛深い先生。腕の毛にリンスをすると言われ、信じた。
●ピンタ。

おこってんだか
現国のササキ
笑《わら》ってんだか
わからん

●高校の担任の先生-出っ歯　中一の担任の先生-熱血　高校の数学の先生-マーガリンのケースの型を数学的に話してた。
●高校卒業後、担任だった先こうが実家に電話で金貸してくれって連絡あった事！(笑)
●私語が過ぎるとチョークを投げる。
●優しくて厳しい 話を聞いてくれた。
●熱心、よく怒る。
●いつも厳しいが、自分の間違いを潔く謝罪する姿。
●音楽の若くて綺麗だった女性の先生。
●ランニングで登校する汗臭い若い男性教師。
●女の先生で背がすごく低いのに、笑顔が弾けていて、声が大きく、オーラが半端なくデカイ。
●坪井先生　情熱的で型破りで、まんま「熱中時代」の北野広大(水谷豊)だった。
●挨拶をしないと怒る先生、年賀状に手書きのメッセージを書いていないと怒る先生、生徒を叩くための長い定規を持ち歩いてる先生、生徒の交換日記を買ってあげる先生。
●テストの返却時に名前呼んでから用紙を落とす先生がいた 生徒は自分のを捜して拾う何だったんだ？アレは。
●にやけ顔。
●出っ歯。
●尺八を吹くのが上手だった。
●小学校高学年の担任。大きな黒板用の定規でお尻をぶたれた。でもいい人だった。

平成16年　■携帯電話の「ながら運転」による事故多発により、運転中の携帯電話使用が罰則対象に

平成16年　■韓流がブレイク「ヨン様フィーバー」起こる。松平健がキラキラ衣装で踊る「マツケンサンバ」ヒット

【印象に残っている先生の特徴】

- ●木琴の棒で頭を叩くババア教師。
- ●クラス全員と卒業迄の二年間交換日記を続けた先生。熱中時代と金八先生が流行っていたが後者タイプで、もてないキャラと憎めない冗談で皆を笑わせ父兄からの信頼も厚かった。
- ●黒縁めがねをかけたまゆげの濃いい若い男の先生が毎日黄色い コスモスポーツで通勤してきていた。
- ●熱血。
- ●小五小六の担任(男性)はとても面白い良い先生でした。熱血で子どもウケする感じです。高三の担任(男性)は定年間近の先生でしたが、本当にやさしくて誰に対しても同等に接してくれる素敵な先生でしたね。
- ●あくまで優しく、理解するまで説明・説得をし続けてくれた(シスター)。
- ●美人だったのに口の悪く気の強かった中学校時代の女性の先生。
- ●小学校二年生の担任の先生。かなりのおばあちゃん先生で放課後やお休みの日に駄菓子屋の前にある先生の家に友だちと気軽に遊びに行っていた。
- ●当時いじめをしていた子を並べて、端からビンタした女の先生。先生の手も痛かったと思う。
- ●中三時代の社会の先生。授業開始チャイムがなった時に席に着いてないと放課後居残りで正座させられ、竹刀や定規で頭を叩かれた。気分屋だった印象。
- ●赤のRX-7に乗っていた先生。
- ●吹奏楽部の顧問の先生。反抗し暴力ばかりの僕に、先生の代わりのトレーナーという役割を与え、僕に初めて人生を変えたいと思わせてくれた。
- ●うちの高校はかなり荒れていた学校で、先生が入学式で「うちの学校には体罰があります」と言っていた。「辞めたい人は今辞めてもらって構いません」と言っていたのにはおどろいた。柔道の先生に失神させられたりもした。が、その後曲がった方向に行った生徒はいない。
- ●厳しいけれど、破天荒なこともよくする九州出身の先生がいました。とても好きでした。
- ●新任で若いのに、額に1筋のクッキリとしたしわがあった。
- ●英語の先生がヘビーロック(ヘビーメタル)大好きだった。
- ●すぐ叩く先生。
- ●化粧が厚く、髪型が派手だった音楽担の先生(女性)。
- ●タバコ臭かった担任の先生(男性)。
- ●昼食にサンドイッチを食べる先生。
- ●平和の大切さを教えてくれた。

【小学校の頃の失敗談】

●朝の集会で小便ちびった。
●よく喧嘩して泣いた。
●柿の木に登っておちたこと。着てた新品ウィンドブレーカーがびりびりになった。
●ランドセルを忘れた。上履きのまま家に帰った。
●学校帰りにうんこもらした。
●靴を左右違うものを履いて、学校に行った。
●習字の筆を洗った後にそれを振り回していて周りを汚してしまってきつく怒られた。
●かくれんぼしてて、草むらに隠れたら、ヒザでウンコ踏んでた。
●お祭りで転んで知らない人の背中に水飴をつけた。
●いたちの親子に気を取られて田んぼに落ちました。
●花火の火の粉を踏んでみて火傷した。
●水泳の授業で見学なのに服を着たままプールに転落。
●忘れ物王、最大の失敗は遠足に弁当を忘れた事。
●給食の配膳の際、ビンの牛乳を一クラス分なぜか自分一人で運ぼうとして、階段で落として大破。半べそ。
●『太陽はどっちから上るでしょう』という質問に元気よく「はい！西です！」と答えてしまった。友だちにバカにされて思わず、バカボンの歌を思い出していたんだ！と言い訳したこと。
●羽根つき大会で、全校生徒の前で一回も打てずに負けた。
●内緒にしてと言われた事を別の友だちに暴露。
●駐車場に止めてある車のボンネットで飛び跳ねて遊んで叱られた。
●プールの日水着を下に着込みパンツを忘れて母に届けてもらった。
●小学校の入学式の翌日に教室がどこかわからなくなり迷子になってないてしまって遅刻。
●車のドアにはねとばされた。
●ありすぎて書けません(苦笑)。
●トイレに悪戯して学校で大問題化した。
●公園にある低い柵の上に乗って遊んでいたところ、足を滑らせブロックの角に頭をぶつけ大出血。
●友だちの家の庭のみかんを青いうちにほとんどもいでしまった。
●小四で勇気を振り絞ってラブレターを出したら、次の日にクラスの女子がみんな知っていて、からかわれた！
●中庭を後ろ向きで歩いて、転んで額を切った。血だらけで保健室に行ったら先生が手を繋いで病院に連れて行ってくれた。
●悪い友達を作ってよく怒られた。
●あまり勉強していなかった。
●なんだろう　常に失敗しないようにおびえていたような気がする。

平成16年　■流行語「チョー気持ちいい」「気合だー！」「セカチュー（ベストセラー『世界の中心で、愛をさけぶ』より）」「…残念！」

【小学校の頃の失敗談】

- 失敗談というか、胃腸が弱く授業中によくトイレに行きたくなり恥ずかしい思いをしました。なぜあんなにトイレに行くことが恥ずかしかったか分かりませんが、今もそういう風潮なんでしょうか？
- 六年生の時に半年ほど女子に無視されたことがあります。
- 理科室の水槽の魚が病気で、薬を入れすぎたら死んでしまったこと。
- ギュウメンが流行ってて、それをでっかいボビンに詰めて、糸を付けて学校のベランダから垂らし、釣り〜とか言って遊んでいたら、下の階の下級生がそれを取ろうとベランダに密集してきて、先生が飛んできて怒られた。
- 授業中に嘔吐した。

【よく遊んだおもちゃ】

(上位から順に)
ゲームウォッチ
リカちゃん人形シリーズ
(ハルミちゃん、リカちゃんスーパーなど)
人生ゲーム
特に無し
ルービックキューブ
ミクロマン
プラモデル作り
ファミコン
リリアン
超合金シリーズ
オセロ
ヨーヨー(コカコーラスーパーヨーヨー)
トランプ
モンチッチ
こえだちゃんと木のおうち
ラジコン
レゴブロック
メンコ
人形遊び
ガンプラ
スライム
自転車
鉄道模型
野球盤
モデルガン
ままごとセット
おはじき
パチンコ(Yの字のゴムで玉飛ばすやつ)
パーフェクション
あぶちゃん(人形)
粘土
鉄棒
ロボダッチ
ゲイラカイト
キン消し(キン肉マン消しゴム)
黒ひげ危機一発
ママレンジ
生き物
ジャンピングホップ
チョロQ
ゴムひも付きテニスボール
スーパーカー消しゴム
ダイヤモンドゲーム
特急旅行ゲーム

【あなたにとっての「80年代」を一言で言うと？】

●チェッカーズ
●青春（同意見5）
●ロックがいいね。MTVとか。深夜、こっそり見てました！
●一番遊びたくて、遊び始めて、遊べた時代
●アイドル（同意見2）
●「夢の国」近くの現実世界
●自分が十代だった頃
●危機感ゼロ
●心の成長があった時代。良い事もイヤな事もあったけど、その時代が今の自分のベースになってると思う。
●バブル（同意見3）
●自由で面白かった
●最高の年代！今すぐ戻りたい！
●本当の自分を見つけられなくなっていたような……。
●中途半端な自分（勉強も精神年齢も……）
●アイドル全盛期　ドラマも良質なものが多数
●アイドル全盛期、ツッパリがカッコ良いとされていた不思議な時代（笑）
●何も考えず勢いのあった時代（というか自分）
●昭和の輝かしい時代
●十歳から二十歳までの一番の激動の期間なので、一言では言えないですねー。子どもでした。
●フューチャー
●年齢的に前半はアイドル全盛期。後半はファッション（DCブランドブーム等）やアート等文化事業が華々しく盛んで影響をもたらしてくれた。今よりずっと不便だけど愛おしい時代。
●透明
●アナログ
●日本中がキラキラしてて、何やっても怖くないみたいな。懐かしいようで戻りたくないような感じ。バブル全盛だったので、その時代に社会人だったらまた違った印象でしょうね。
●我々の世代の「三丁目の夕日」でしょうか。あの頃の大らかな街並み、人間関係、時間の流れる感覚は　懐かしいいし、今でも戻りたい時代ですね。
●「パワフル」「浮き足立ってる」
●どこか浮かれていた。
●音楽、ファッション、遊び、部活動など全ての「僕の青春キラキラ時代」
●いい人が多かった（バスの運転手にバイト遅刻しそうになり飛ばしてもらったり）。今より稼げてバイトでハワイに連れて行ってもらったり、お金の感覚が違っていた時代。

【80年代の象徴と言ったらなに？】

●原宿ホコ天
●バンドブーム
●イカ天
●五時から男
●シュワちゃん
●なめ猫
●おニャン子クラブ
●夕焼けニャンニャン
●ガンダムジオラマ
●マイコン(自分で作るパソコンゲーム？)
●ウルトラマン80

【編集部からひとこと】

そもそも昭和44年生まれの象徴的時代が「80年代」なのかな、と思いながらアンケートを見ていました。アンケートへの回答があまり多くなかったのは、前半は中学生まで、後半は高校生以降20歳までという80年代をを「一言」や「象徴」にまとめるなんて無理！ってことだったのかもしれません。ナンセンスな質問でしたね(って、身もふたもないこと言ってますが！)。
それでも、「一言で言うと」の回答はどれもネガティヴで下降していくようなイメージではなく、明るくて素直でほんわかと楽しげなイメージばかりという印象です。「バブル(泡)」という表現はまさに言い得てるなあ〜と改めて思ってしまいました。

【今の人生に足りないものがあるとすれば、なに？】

●トキメキと勇気
●自分の時間
●恋人と自由
●人と人とのつながり
●もっと料理を作りたい
●自分の趣味の時間
●子どもの安全な未来
●金
●パワー

【編集部からひとこと】

50歳ともなると、ある程度は「満たされている」のでしょうか？ それとも、ある程度の「見通し」ができる年齢になり、四十で惑わなくなった私たちは、五十にして天命を知ったということなのか……。このアンケートに対しても、回答数が多くなかったので、なんとなく「足りないもの」ってあまりないのかな？と思ってしまいました。いえ、もっと「金!」とか「仕事!」とか「安らぎ!」とか「老後の安定!」とかガツガツした答えが出てくる想像をしていたんですよね。
でもよく考えてみれば、私たちの世代って、若い頃からほどほどに満たされて、ガツガツするような環境もなかったから、性格的にも貪欲じゃない人が多いのかもしれませんよね〜(えへへ)。

みなさんから投稿された『そういえばこんなこと思い出した』エピソード集（3）

●**ラジカセ**、**オールナイトニッポン**、荻野目洋子の**ステッカー**、**族車**、スカイラインジャパン、**裏ボタン**や**隠しポケット**が流行っていた、兄貴が暴走族の総長。

●歌も好きで部活の練習中によく歌っていました。

●中学生の頃にバイクを盗んで捕まった。

●小さい頃、中学卒業まで、暇があれば釣りに行っていました。

●**ガンプラ**が発売されると、朝の五時から並んでいた。プラモデル屋さんが人気。「ジオラマ」写真平田ごてで切ってリアルな映像を作っていた。

●読書家。中学の時、教師から推理ものばかりで偏っていると注意された。

●小学校の時、四階の教室から「釣りごっこ」と称して牛メンを何層もまとめた塊を糸に吊るして遊んだり、黒板消しをベランダの壁にバンバン叩いて白煙を撒き散らしたりして、下の階の先生に叱られた。

●幼稚園のころ、近所の子たちと「どういう死に方をしたいか？」とディスカッションするのが流行っていた。いちばん人気は「寝てるとき」だった。

●アーティストのポスターめあてにレコード屋廻りをした。

●お風呂に入るのが面倒で、台所のシンクでお湯を溜めて入ったことがある。

●高校で毎日校門チェック、月に一回は髪型・爪・服装検査の日があり、前髪はパッカリ分けてピンで留めるか**オンザ眉毛**と決まっていたので、休み時間はデップや鉢巻きで生え際を持ち上げ、皆一ミリでも前髪を長くしたいと必死だった。そんな頃キョンキョンが**オンザ眉毛ブーム**を起こしてくれて救世主だと思った。

●小六の時**アマチュア無線**に興味を持ち、父親からまだ難しいんじゃないかと言われたので、中二の夏休みまで待って「無線従事者免許証アマチュア無線技士第四級」という資格を取得した。第四級は「電話級」（電話のように気軽に話せるから）、第三級は「電信級」（モールス信号で会話ができるから）と当時呼ばれていた。知らない人との通話記念のハガキ（コールサインが印刷された絵葉書的なモノ）を交換したり、同じ中学でアマチュア無線やってる友だちと宿題の答え合わせや学校の愚痴を言ったり……今思うとSNSの先駆け的存在だったんだと思う。ただラジオと一緒で電波なので、話してる声は誰でも聞ける。お姉さんだからといって口説いたら大騒ぎ（笑）。出力10ワットの無線機の電波がどこまで届くかってことに興味があって、50MHzの周波数だと夏は地球の電離層に電波が反射して北海道や沖縄の人とも話せたりした。

●中学～高校くらいから、ラジオで深夜放送を聴き始め、雑誌「ぴあ」や「FMステーション」を買って**エアチェック**、当時はレンタルでレコード＆CDを借りてカセットにダビングした。

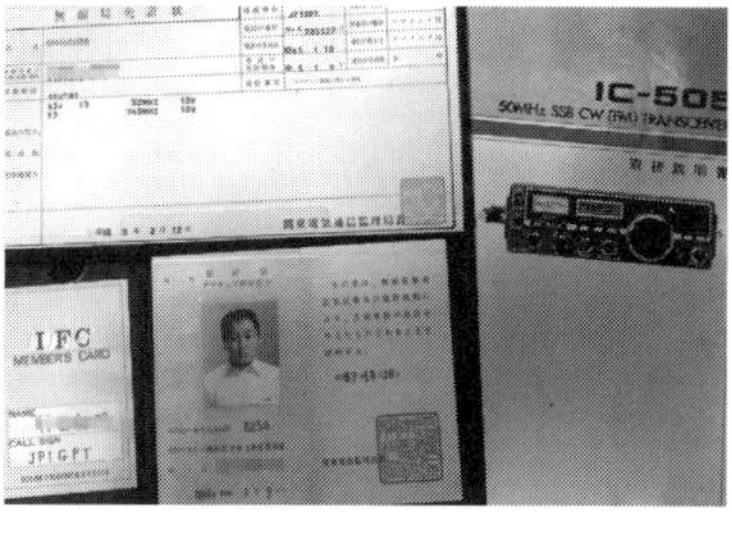

平成17年　■オタク青年が美人女性との恋愛相談をしたインターネットの電子掲示板から生まれた物語『電車男』がドラマ化

●年齢的に前半はアイドル全盛期。後半はファッション（**DCブランドブーム**等）やアート等文化事業が華々しく盛んで影響をもたらしてくれた。今よりずっと不便だけど愛おしい時代。

●バイト代はすべてファッション代（洋服、髪型、靴など）につぎ込んでいた。なんだか、ジェットコースターのような青春時代でした！

●映画は二本立てが多く、人気の映画は立見、途中からも入場できたり、再度見たり、観たところまで退場したりと、規制もなく大雑把だった。

●バブルの頃やたらアイスクリーム屋さんが増えトッピングが流行り、注文がややこしかった。その後ジェラードが流行り、今までのアイスと違う食感と風味の濃厚さにハマった。

●ずっとはまっていたのは漫画を描くこと。途中で見切りをつけデザインへ。大学時代は「とにかく楽しい・自分の居場所・本当の自分・バラ色・いい匂い（笑）」。人生の中で最高な時間だったと断言できる。

●暴走族全盛期の人たちが俺らよりちょっと上にいた。先輩の武勇伝や、本当かどうかわからないような抗争ストーリーをゾクゾクしながら聞いて、まるで自分の話のように友だちに話してた。深夜、遠くに暴走族の音が聞こえると、見えないのに窓を開けてみたりして。暴走族になりたいと思っていたわけじゃないけれど、言いようもない憧れみたいな気持ちがあったな。スピードを争うことを「狂走」といっていた（笑）。

第4章 これからの五十年 自分はどう生きるのか
（アナログからデジタルへ、そして）

人生100年時代をどう考える?

小学生の時、自覚のないいじめっ子で、自覚のないいじめられっ子だった

小学校六年生の頃、私は自覚のないいじめっ子だった。「自覚がない」などと言葉にするのも失礼なのだけれど、反省のために告白する。

・同じクラスの私を含む女子三人は、職員室では「サンバカラス」と呼ばれていたらしい。
・学校のリーダーとでも思っていたのか、先生に文句があると、授業をさぼって資料室に閉じこもり、先生を呼び出したりしていた。
・同じ階の小五年男子と凄まじい喧嘩をしたことがある。ホウキを持って、教室に〈殴り込み〉をしてバシバシ男子を叩いた。しばらくその戦争は続いたが、後輩男子とはその後仲良くなった。
・同じクラスの男子が冬場、ゴム口のニットのズボンを履いてきた。そのことを「ダサい」とからかって、ズボンを引っ張り下ろしたら、その子が廊下で転んでしまい、ズボンが全部脱げた。ついでにパンツも脱げてしまった。成長期の小六男子にとんでもないトラウマを作ってしまった。
・図工で木工作業をしていた時、刈り上げにしていた男の子の髪型をからかっていたら、その子が興奮して彫刻刀で自分の足を刺してしまった。慌てて保健室に連れて行ったら、保健の先生に「このサンバカラスが!」と怒鳴られ、そのとき、そのニックネームを知った。

そんな私は、実は小学校五年生まで自覚のない「いじめられっ子」だった。

クラスの中心的な女子はお金持ちの家庭で育っている子が多く、流行りの**ゲームウォッチ**を持っていないことや、遠足でお揃いにしよう！と言われた服をうちは買ってもらえなかったことから、なんとなく阻害されていった。極端な嫌がらせをされたわけではなかったが、輪の中にいるのに話を聞いてもらえなかったり、無視されることが辛くなり、だんだんみんなが自分の陰口を言っているような妄想にかられ、その年の林間学校は行かなかった。「グループ分け」がこわかったのだ。

六年生になり、そんな自分を変えようと、リーダーグループの中に入っていって、わざとふざけて見せたりした。『平凡』や『明星』を買ってほしいと親を説得し、それまでわがままを言ったことなどなかった私は、親にたてつくようになった。厳しい家庭でまっすぐ育っていたはずの私は、いつの間にか親の財布の中身を覗くようになり、親はずいぶん心配したと思う。

あまりに熱心に頼み込む私に根負けして買ってもらったゲームウォッチのおかげで、私はリーダーグループの仲間として認められるようになった。みんなが見ているテレビ番組を見てはモノマネをしてみたり、ふざけたことを言うとみんなが笑ってくれるので、私は「居場所」を手に入れたような気になった。

そして、「ふざけた」ことが、行き過ぎた結末が、前述したようなロクでもない行為となっていく。

ロクでもないことが成長の鍵？

どんな時代にも似たようなエピソードがあるだろう。大人になり、また親となり、どの世界にいても、小さくても、「いじめ」に似た現象は起こりうることを知っていった。その中でどう生きていくのか、自

平成18年　■インターネット業界の第一人者ライブドアの堀江貴文社長が証券取引法違反容疑で逮捕される

分は「どの位置」にいるのか、本当の「居場所」はどこなのか、いつ気づくのかがその先の人生を作っていく。

「あの頃」のいじめは、目に見えていた。今のいじめは、見えないところで起こるという。どちらがよいでもマシでもない、どちらも悪い。ただ、「成長するためにあったんだ」と思える程度ならば、それはラッキーと思えるのかもしれない。全員がそうだとは言えない、言わない。けれど、私たちの多くはあの頃、「たくさんのロクでもないこと」をしてきた。あの「ロクでもないこと」をしたことを、悔やんで悔やんで、大人になっていった。小学校の時の失敗は、「大人になって許せる程度なら」たくさんしたほうがいい、と、ロクでもない私はそう思う。

この先まだ五十年もある?!

そんな私たちは、人生１００年時代となったこの先の五十年もの時間をどう過ごしていくのだろう。私たちの子どもたちは、この令和という時代をどう生きていくのだろうか。

「子どもの頃の夢は？」「今後の五十年に向けて」

この二つの問いに返ってきたマジな答えを、みんなも一緒に味わってほしい。そして、自分ならどう生きるか……、第五章にそれを書き出してみてほしい。

この先五十年をどう過ごしていくか

方向性その一【生きていないでしょう】

●名前　倉沢 鉄也（男性）
●職業「シンクタンク研究員」あるいは「ビジネス・コンサルタント」
●出身地　戸籍は東京都。実質的に横浜市。親の引っ越しが多かったが、ふるさと感覚は長年住んだ首都圏西南部にある。
●家族構成
実家：父＝公益法人職員、母＝専業主婦、二歳下の弟
現在：妻＝学童保育のアルバイト以外はほぼ専業主婦
　　長男＝某大学一年。電気工学科もエスカレーターのため落第退学寸前
　　二男＝某高校一年。某部活部長だが学業が身に入らず落第退学寸前
●子どもの頃の夢
なりたい職業のイメージは正直なかったが、運動や芸能や匠の技ではなく、何らか頭脳労働、ネクタイを締める仕事だろうとは思っていた。しかし組織に属する無記名の仕事はしないだろうとも思っていた。これは公立小学校を四つ通い（親の転勤で三回転校）、頭の回転の速さ（三年生くらいからの自覚）

平成19年　■東京ミッドタウンが開業

もさることながら、かけっこ（短距離走）の速さ（これが一番大事だった）と、少々の社交性を武器に渡り歩いた感覚が、そう思わせた。その点では、「子どもの頃の夢」と人に言われても自分で納得のいく、大変に運のいい職業選択ができたと思う。

と、70年代まで思っていたことをいったん頭の片隅にしまいながら、80年代は受験だったりテニスだったりの「競争」に没頭することで自分の可能性を見出すことに集中していたと思う。結果としてそれら競争母集団の上澄みに位置していた幸せを今になって思うのだが、当時は上だけを目指し、自分に敗れた人たちに思いを寄せることなく自分の集中力をとぎすませていた感覚だった。当然、自身もたくさんの敗戦を経験してきた。

それは今となっては生きるための軸、大事な財産、になっている。

一方で現在趣味となっていることの多く（後述①〜⑩を含む）が、この時期に特技として自分のものになっていった。その当時の徹底した取り組みには、自分で自分に感謝したい気持ちだ。

一応、就職活動として司法試験の勉強をかじった。弁護士になれば仕事の自由裁量も多いだろうという安易な考え。法学自体は自分に適性があると今も思うが、「そこに山があるから」的な発想を今思えば反省するのだ。しかし試験勉強当時（１９９０年）、現在に至る弁護士供給過剰の端緒となる話が持ち上がっており、人件費単価自由化が予定される（＝競争が激しくなり、リッチな職業でなくなる）こともわかって撤退したのだ。

結果として「専門情報を作り、話し、書く」という幼少時以来の適性探しの結果、シンクタンク研究員という仕事を知り、今思えば高嶺の花だった就活を潜り抜け、当該業界に長く居座ることになった。

司法試験に投じるつもりだった大学四~五年目（自主留年）は、結果として「プロに迫るアスリートとして自分のテニスをどこまで高められるか、の挑戦」に投じた。大会を転戦して親しくなったプロコーチたちは、学歴としては高卒が多く、事実上の肉体労働、接客業。彼らが賞金はなくとも戦績で箔をつけて将来のスクール運営の集客策としたいという思いで取り組んでいるのを見て社会人の大事な側面を見た気がする。

大学生時代（88~92年度）、これも含めて社会人との接点が一般学生よりもかなり多かったので、自分なりの職業イメージ、職業観は、就職活動以前からかなり具体的に固めた気がする。

※大人になってからの夢と現実

93年に就職。90年代には、夢が現実のものになっていった。高校~大学時代に考え抜いた自分の思索と、出会いの運（とくに妻と、会社）により大学時代の不満感がすべて吹っ飛ぶ形で自らの最大能力が引き出される社会人人生を送ることになった。

2000年代には一度目の転職によるその Dreams Come True の総仕上げとともに、そこから一旦の停滞・低迷を経て、上昇志向をやめ、ワークライフバランスを楽しくとる境地に至る現在までの時間を過ごす。

慢性病を抱えながら、家庭人として最小限の責任は楽しみながら積極的に果たした気がするが、これは妻の言質を待たないと何とも言えない。

2007年までの仕事で、当該分野の一般的な目標となるべきことはすべて実現してしまった。

2008年以降、不本意な（しかし世の中的には十分にぜいたくな）仕事を続けることになるが、一方でいくつかの新境地も拓きつつ、六年間の停滞を経て、二度目の転職。三社目では、仕事面では飛躍していないいながらも、ワークライフバランスを画期的に回復。当初のイメージ「ローリスクローリターン」は成功。その結果、二十年以上ほったらかしだった趣味を一気に回復中。後述の①〜⑩などである。

以上は日本社会の趨勢（バブル、経済低迷、事故災害、情報通信革命、内なる国際化、コンプラ魔女狩りとメンタル崩壊）とはあまり関係なく、むしろ世間常識の反対側に張ることで、ぶれない直線的な五十年間を、送ってきたように思う。アラフィフになって「まわりのすべてに感謝」とかいう謙虚な感覚や、「世の中こんなもん」「悔いている、やり直したい」という諦念の感覚は、まったくないのだ。日本社会には今も昔も、噛みつきたいことがいっぱいだ。

その代わり、自分に味方・賛同してくれた数少ない人たちには限りない感謝の念である。

●今後の五十年に向けて

まず私は、これから十年、せいぜい十五年しか生きないと認識している。あと五十年なんて100%ありえない。こんなエネルギー発散しすぎの人間は絶対に長生きしないのだ。ここまでの五十年が職業もプライベートも面白すぎた。

ある程度の当時目標も実現し、死んでも残るアウトプットもいくつか残せたので、ここから高望みせず、あと十五年面白おかしく過ごして死ぬと決めた。職業的には、もう仕事の依頼を自分から頭下げて求めるのがおっくうだ。むこうから頼まれる仕事だけで生きていくのが現実的目標である。

加えて、今の親会社の日本ブランドを再構築し、その支援を食い扶持としつつ、自身の名前での情報発信ができる状態と両立できたらベストだ。ほんとは「教える」スキルで食っていくのが楽ちんなので、大学教授の楽なポジションが向こうから来るならそれを待ちたい。あと十年働いて、あと遊びたい。大前提として、もっと働きたいとはまったく思っていない。

プライベート的には、生涯付き合ってきた趣味：①テニス（選手志向）②地理研究③日本史研究④海の生き物研究⑤相撲史研究⑥テニス史研究⑦料理研究⑧青春時代に聴いたポピュラー音楽研究⑨母校（中学高校）研究⑩ご先祖研究……、の決着がある。いつかできなくなることの心の整理を、自分が死ぬことのシミュレーションとして前向きに取り組みたい。

とりわけ⑨、⑩、加えて⑥の一つ「大学のサークルの五十周年記念誌制作」は、死後の未来と会う気持ち、また過去の死者に会う気持ち、にかなり近い。この感覚は、生きること死ぬことの感覚を研ぎ澄ます一助になっている。

オブリゲーション（義務）的には、まず下宿人（＝子）二人は大学卒＋一年（浪人留年）までは経済的な面倒を見るが、あとは勝手に生きよ。かわいいカノジョ（＝妻）が路頭に迷わない程度の資金は残してあげたいのだが、そこまでの金持ちにはなれなかったのが心残り。

上記以外の、書きたいこと、研究したいこと、見に行きたいところ、食べたいもの、会いたい人、が気持ちの上ではたくさんある。しかしそれらを欲張らないことのあきらめ、悟りが身に着きつつある。あぁ

平成20年　■ミュージシャン・小室哲哉が5億円詐欺事件で逮捕。タレント・飯島愛が自宅で急死

これがこの出会いの最後の機会だなあ、と思いながらすべて前向きに受け入れるようにしている。

健康は以上の手段に過ぎず。現状抱える慢性病など、あくまでも手段の範囲でつきあう。一夜漬けのごまかしが利かなくなったら、さっさと死ぬ方向に不摂生したい。

そもそも五十年後のヘボい日本社会に生きていたくないという思いが強くなってきた。自分が今から五十年生きねばならないとしたら、語学、マネジメント力、国際人脈、ものすごくナイーブメンタルな人たちとのコミュニケーション能力、などを身につけ、世界を舞台に公私暮らさねばならないが、もはやそれはおっくうだ。今手元にある武器が世に通用するうちに、死んでしまいたい。

●**名前**　非掲載希望（男性）
●**職業**　自営業
●**出身地**　東京都武蔵野市
●**家族構成**　妻、息子、娘
●**子どもの頃の夢**　特になし
●**今後の五十年に向けて**
社会的に：二十年も生きられるか分からない。
個人的に：いつまで生きられるかも分からない。
希望的に：ただ毎日を精いっぱい悔いのないように生きるだけ。歌詞みたいだけど。

方向性その二【健康でいられればそれでいい】

●名前　倉沢 彩枝子（女性）
●職業　専業主婦（学童保育所でのパート仕事あり）
●出身地　東京都世田谷区
●家族構成　四人　夫（会社員、テニスが夫婦共通の一番の趣味）
長男（大学一年、鉄道ヲタ・音系）
二男（高校一年、友だち大好きすぎて学校生活乱れがち）
●子どもの頃の夢
スチュワーデス（現ＣＡ）

〜これまでの五十年をふりかえって〜

小中高大と某都内私立共学校で過ごす。就活時、履歴書に綴った学歴見て自分でびっくり。両親のおかげで敷いてもらったレールを歩んで来られたことへの感謝の念、さてこれからどうしようか?! と背筋が凍りつく思いが交錯した。個性尊重、自由な校風が好き。現在でも先生含め身近な存在（中学担任が現在中高校長、気軽に校長室まで行って話せる間柄）。同窓会では先生を交え、屈託のない交流がある。

〜私の履歴、以下の通り〜

九歳、小三（１９７８年）：母（英文科卒）の影響で英会話を習い始める。

平成21年　■鹿児島市の桜島が爆発的噴火

十歳、小四（１９７９年）：テニススクールへ通い始める。それがなんと四十年近く続く趣味となる。

十一歳、小五夏休み：三泊四日沖縄米軍基地内家庭へのホームステイプログラムで外国人家庭ホームステイ初体験。

十一歳〜十三歳、小五〜中一（１９８０〜１９８２年）：英国人婦人宅で習った日常会話フレーズの数々が今でもとっさの場合、大いに役立つ。

十三歳、中一春休み：一週間ホームステイ（アメリカワシントン州スポケーンにて）

「スチュワーデス物語」（１９８３年10月〜１９８４年3月ＴＢＳドラマ）の影響で将来英語を生かす職業のひとつとしてスチュワーデスになりたいと思うようになる（正社員採用だった時代のスチュワーデスは高嶺の花。高給、国際線勤務だと海外へどんどんいけるのも魅力だった）。

十三〜十五歳、中一〜三（１９８２〜１９８５年）：ＮＨＫラジオ基礎英語や母とのマンツーマンで英文読解を続ける。学校ではテニス部所属、中三で部長を務める。

十六〜十七歳、高一〜二（１９８５〜１９８６年）：青学英文科の学生に家庭教師として来てもらい、英文読解を習う。英検二級取得。学校ではテニス部所属、引退まで続ける。

十八歳、高三（１９８７年）：ＴＯＥＦＬ受験を始める。某大学文芸英文学科へ内部推薦進学。大学は海外留学も視野に入れていた。最終的にはＳ大学比較文化学科のみにエントリーするもＴＯＥＦＬ得点がボーダーラインだったため、不合格。

十九歳、大一（１９８８年）：夏休み二週間アメリカＮＹコロンビア大学ＥＬＳ短期留学。その後二週間ホームステイ（アメリカノースカロライナ州ウィンストンセーラムにて）。この時の留学で気づかされたことはただ英語ができればよいのではなく、どんな考えをもっているか自分の言葉に責任をもつことがより大事なのだと痛感させられる。この時に芽生えた自立心（少々遅すぎるが）のおかげでようやく自分とは何かを考えながら行動するようになっていく。秋、英検準一級取得（その後英検一級はA判定不合格）。

十九〜二十二歳、大学時代（1988〜1991年）：授業以外はテニス（インターカレッジサークルに所属）、アルバイト（スポーツクラブでテニスヒッティングパートナー／英語家庭教師／「NBS少年少女の船フジテレビ夏休みグアムサイパン海洋教室」引率インストラクターなど）などを謳歌する。いろいろ過ごすなか、人と接する仕事（スチュワーデスも含め）に就いてみたいと思うようになる。

二十二歳、大四（1991年）：就職試験は航空三社（JAL、ANA、JAS）受けるも二次試験（集団面接）であっさり落ち、抱いてきた夢がはかなく砕けてしまう。たまたま接客業のひとつとして受けた某宝飾会社はとんとん拍子で最終面接へ、採用合格となる。

二十三〜二十八歳、社会人一〜五年（1992〜1998年）：某宝石屋本店（銀座）〜帝国ホテル店〜元町店に勤める。特に帝国ホテル店では外国人顧客と接する機会が多く持てた。充実した日々を送る。週末休みがほとんどなかったため、テニスから離れがちになる。

二十五歳、社会人三年（1995年）：結婚。相手は大学もテニスサークルも違えど同級生の倉沢氏。共通の趣味があったことは大きく、その後もテニスを続ける機会があることに感謝の念でいっぱいである。結婚した年は一月に関西淡路地震、三月に地下鉄サリン事件が起こった。

平成21年　■裁判員制度による初の裁判が始まる

二十八歳、社会人五年（1998年）：退職。夫と自身の休日がかみあわなかったため、妊活前に少し二人の時間を持とうという考えに。英語に接する機会は某宝石屋元町店に勤務するころから減り、その後は遠ざかってしまう。テニスは退職をきっかけに週一回のペースを取り戻す。

三十歳（2000年1月）：長男出産。つわりもなく順調だったこともあり、臨月までテニスコートに通う。

三十二歳（2002年9月）：二男出産。やはり臨月までテニスコートへ。その後週末にたまにテニスコートへ連れていってもらうも、育児の合間合間にやるテニスは気持ちに余裕が持てず、心から楽しめているわけではなかった。

三十七歳〜四十一歳（2007〜2010年）：YITCという日本最古のテニスクラブでの濃密なスクール（会員でなくてもOK）へ通いだす。二男幼稚園年中頃から自分の趣味の時間を持てることのありがたさ、楽しさを思い出す。同時に幼稚園ママ友とも公共コートをとってテニスを楽しむ機会が出てくる。ありがたいことに十一年たった今も続いている。目標はおばあちゃんになっても続けること。

四十二歳（2011年）：引っ越し。十六年住み慣れた横浜駅近隣から、多摩地区南部へ。長男が小六になるところだったので涙ながらの転校をさせてしまったが、引っ越し直前に3・11東日本大震災があり、家族の引っ越しなのだからと腹をくくってもらった。

四十六歳（2015年）：父逝去。前立腺がん、2006年発見時から約九年間の闘病。その後遺産品整理をするなかで、父の古い戸籍からファミリーヒストリーをひも解く楽しみを見出す。

四十七歳（2016年）：世田谷区の小学校学童保育所でアルバイトを始める。母からはかつての英語経験を生かして英語の先生にでもなればいいのにとぼやかれたが、得意分野だとわからない人の悩みどころが理解しきれないと感じることもあり意欲的にはなれなかった。自分の息子たち二人にも英語を無理強いするよりも、本人の母国語（日本語）で物事を考えたり伝えたりすることを大切にしようと思ってきた。夫も同感（英語だけ身に付けても仕方ないとの考え）だったのが助かっている。学童でアルバイトを始めてみるとそれまでの子育て経験を生かせることができ、それが等身大の自分らしさだと実感する。六十五歳までは働けられる環境なのでできる限り続けたい。ヨガを始める。会社の同期の人から誘われて始めたタイ式ヨガ。運動＝心拍数あげて汗をかくことと信じていたが、取り組むとその奥の深さに魅了される。インナーマッスルを鍛えることでテニスやスキーへの効果を実感できている。

四十八歳（２０１７年）：夫とファミリーヒストリー探訪の旅へ。私は三重県名張市と伊賀市。夫は長野県辰野町。それまで知らなかった縁を辿る楽しみがあった。日曜日テニスコート契約。地元町内会活動に関わるなか、とある国家的事業の●＃▲※な関係で、町内会へテニスコート契約（無料）の話が舞い込む。私から町内会長に頼み込んでＪＲ東海と町内会が単年度契約を結ぶ。そのおかげで毎週日曜日にテニス（夫、ときどき二男も加わり）を楽しんでいる。英語は、退職後からすっかり離れてしまい、育児の中に英語を取り込むこともせず今に至る。

●今後の五十年に向けて

健康でありたい！

健康あってこそ人生豊かでいられると思う。

平成22年　■流行「〜なう」「イクメン」「女子会」「食べるラー油」「ＬＥＤ電球」

夫とのこと：銀婚式を迎える。大学二年の出会いから今に至るまで、共に歩んで来られて感謝でいっぱい。いろんな考えをもっていいと教えてもらってきたことが何より大きい。あらゆる場面で背中を押してもらってきた。勤めもあと何年求められるのか、今の時代はいろんな選択肢があると思う。子どもたちが社会に出るようになった頃にその答えを見つけられたらよいだろうと思う。夫婦テニスも続けられる限りやりたい。

二男が中学に入ってから夫婦旅行（家族旅行から変更）を再び楽しめるようになり、その旅を続けていけたらいいなと思う。そのためにもお互い健康でありたい。

親とのこと：現在八十歳の母、七十七歳の義父、七十二歳の義母、その他叔父叔母伯父伯母と、気づけばかなりの高齢だ。彼らの人生が健やかであることを願い、いざとなったらの心づもりをしなくてはならないであろう。

子とのこと：少子高齢化社会の真っただ中、それぞれの人生を送るなかで等身大の幸せを実感してもらえることを願いたい。もちろん健康でいてほしい。

私のこと：親が願う通りに育つわけではないことを実感している。親の生きる姿や亡くなることで得られる学びは大きいと感じている。大人になるまでのサポートには深く感謝しているが、自分らしさとは、大学一年時の短期留学で感じた「自分の言葉に責任をもつ」という自身の悟りから始まり、結婚後は夫との二人三脚や、子育てしながら、ひとつずつ積み重ねて身に付けてきていることなのだと思う。英語についてては英語を学んだことよりも、そこで出会った人との関わりが今の私を作っていると思う。テニスは健康のために下手の横好きを続けたい。ママ友テニス会もおばあちゃんになっても続ける。学童保育仕事を続けられるように。ヨガは自律神経安定のため、体幹トレーニングのために続けたい。2020年東京五輪ボランティアに挑戦。ひとまずエントリーしないと話が始まらないので手続きする。長生きがすべてではないが、年を重ねても見るもの出会うものへの好奇心は失わずにいたい。

●名前 小山 竜洋（男性）
●職業 会社員
●出身地 東京都
●家族構成 妻 娘二人
●子どもの頃の夢 車のレーサー
●今後の五十年に向けて
社会的に：現状維持
個人的に：健康を大切にする。
希望的に：好きなことに好きなだけお金を使えるようになる。

●名前 非掲載希望（女性）
●職業 パート

平成23年 ■3月11日、東北地方太平洋沖地震（東日本大震災）が発生、最大震度7。死者・行方不明者は1万8428人（令和元年12月時点）

●出身地　東京都
●家族構成　夫、娘、息子
●子どもの頃の夢　特になし
●今後の五十年に向けて
楽しく元気に。こんなところかなぁ？

●名前　非掲載希望（女性）
●職業　教師
●出身地　オーストラリア
●家族構成　夫、息子ふたり
●子どもの頃の夢　弁護士
●今後の五十年に向けて
楽しく、元気で、世界をまわる。

●名前　山﨑 貴子（女性）
●職業　保育補助・NPO法人非常勤スタッフ
●出身地　東京都

●家族構成　夫、子ども四人（男・女・女・女）
●子どもの頃の夢　歌のお姉さん
●今後の五十年に向けて
個人的に：好きなように生きる。
希望的に：嫌なことはしたくない。

●名前　非掲載希望（女性）
●職業　パート
●出身地　東京都
●家族構成　夫、子どもひとり
●子どもの頃の夢　特になし
●今後の五十年に向けて
社会的に：子どもをもっと大切に。教育制度のてこいれは不可避だと思います。
個人的に：ぴんぴんころりを目指して健康的に過ごします。
希望的に：あぶく銭に頼らず、地に足のついた生活でそれほどお金がなくても幸せを感じられる人生を送れる人が増えればいいなと思います。

平成23年　■北朝鮮の最高指導者である金正日が死去。後継は三男の金正恩

●名前　村田 裕明（男性）
●職業　警備員
●出身地　東京都板橋区
●家族構成　妻、娘、息子
●子どもの頃の夢　秘密基地で研究してる人
●今後の五十年に向けて
子育てひと段落するので自分のやりたいことをしたい。
社会的に…なんらかの形（ボランティアなど）で関わっていたい。
個人的に…趣味に没頭したい。
希望的に…人気のない集落で一人で過ごしたい。

●名前　非掲載希望（男性）
●職業　システムエンジニア
●出身地　鹿児島県
●家族構成　妻、息子、娘
●子どもの頃の夢　漫画家
●今後の五十年に向けて

社会的に：他人に迷惑をかけない。
個人的に：健康でいる。

方向性その三【イメージできないけど何かできることがある気がする】

●**名前**　萩原 正也（男性）
●**職業**　会社員
●**出身地**　東京都武蔵野市
●**家族構成**　妻とふたり
●**子どもの頃の夢**
特になかったような　小学校の作文に駅長さんになりたいと書いた記憶があります。
●**今後の五十年に向けて**
よく分からないというのが正直なところです。
自分の年齢もそうですが、親も高齢になり、今後先の読めない不安なことも多くなってくる時期ですが、人生設計などを考える方ではないので、なるようにしかならないかなと。希望は大地震が起きるのであれば、自分が高齢になる前に起こってほしいと思います。

平成24年　■流行語「ワイルドだろぉ」「iPS細胞」「終活」「1人カラオケ（ヒトカラ）」

大地震で死ぬのなら良いですが、おじいちゃんになって避難生活は嫌ですからね。

●名前 工藤 利恵（女性）
●職業 公務員
●出身地 東京都（大田区生まれ、小学五年十歳から江戸川区育ち）
●家族構成 夫、娘（高校一年十六歳）と同居。他に、息子（二十三歳）、娘（大学三年二十一歳）あり
●子どもの頃の夢

幼稚園の時（五歳）、「大きくなったらペンギンになりたい」と公言していたのはハッキリ覚えてる。幼稚園でのお遊戯だかお芝居だかが影響していたが、それから随分長いことペンギンに憧れていた。今でもペンギンは大好きだし、夫には「ある意味ペンギンになれたね。夢叶ったじゃん（笑）」と肥満体型をからかわれている。

特定の教科はないが、中学時代の教師が「先生って素敵だな」と思わせてくれた。小学生の頃から地図や鉄道時刻表が大好きで、暇な時には旅行計画書を作って遊んでたのが影響したのか、高校までずっと「好きな教科も得意な教科も社会（地理）です」と断言できる状態だった。それらが合わさって、高校で進路を決めるとき「将来は、中学の社会（地理）教科の先生」になれる大学をめざした。……ものの見事に撃破されたが（汗）、でも、教師をめざした大学受験と同時期に、絵本や児童文学に関わる仕事に就く……という希望も持っていて、滑り止めとして「児童文学などの編集者」になるための専門学校

に合格していた。作家ではなく編集者をめざしたのは、自分が物語を作るなんて無理だと考えていたのと、中学三年に新聞班だった経験から。

それがなぜ、高卒ストレートで公務員になったのかは、父親との約束を反故にできなかっただけの話。「夢」と明確に言えるのは、「ペンギンになりたい」だけかもしれない。後は、好きなものや得意なものの延長で考えた「進路」なだけだ。それすら、グルグルと目まぐるしく変わっていってた気がする。

●今後の五十年に向けて

「早く仕事を辞めて、東京を離れて生活したい」と漠然とした希望はあり、子どもらの学費負担がなくなったら早期退職しようと考えている。

東京以外の地へ移住するのも、かなり昔から考えてはいたわりには……候補地すら定まってはいない。目移りしちゃって（汗）。正直に言うと、自分があと五十年も生きているとは思っていない。別に病を抱えているわけでもなく、自殺願望があるわけでもない（とりあえず今は）が、八十歳、九十歳、百歳の自分をまったく想像できない。思えば……ずっと「何年後の自分」は想像できずに生きてきたように思う。人生設計が苦手なのも思い出した！　未来を考えても、せいぜい一～二年。夢や希望よりも現実に追われていた、というのか？　その時その時の状況でさまざまなことを判断して、世の中を渡ってきた人生だったなぁ……と、このアンケートを書きながら改めて気付かされたように思う。

というように。自分の未来がイメージできないのと同様、世の中がどう変化していくのか……もあまり想像できない。

平成25年　■ＮＨＫ連続テレビ小説「あまちゃん」がブーム。震災被害を受けた東北地方でのアイドル村おこしが核

でも。鉄腕アトムは既に生まれているし、ドラえもんが誕生するのが約100年後。現実社会でも、科学がますます進歩して、機械に溢れた便利な世の中が続くのだろう……とは思う。でも、一つだけ。「人は、一人では生きていけない」。この言葉がなくなる世の中には、なってほしくない。たとえ、便利な世の中が続いたとしても、人間の繋がりが必要ないなんていう世の中にはならないことを切に願う。

●名前　川瀬悦郎（男性）
●職業　技術系地方公務員
●出身地　新潟県新潟市（旧新津市）
●家族構成　長男、次男、長女の三人の子どもと両親。義父一人、お互い男やもめ。
●子どもの頃の夢　医者になること。
●今後の五十年に向けて
やるべきことをやりきったら、自分がどうしてもやりたかったことをやる。

社会的に‥あと十年は勤め人をします。

個人的に‥命が尽きるまで、精一杯生きるつもりです。

希望的に‥希望ではなく実現を目指します。でも、実現できなくても、まあ、いいか。

子どもの頃から比べると生活がどんどん便利になってきました。そんな変化が感じられる本にしてほしいです。

●名前　冨貫功一（男性）
●職業　アートディレクター／グラフィックデザイナー
●出身地　アメリカ合衆国サンフランシスコ生まれ、生後三歳で東京へ。
●家族構成
父＝他界　母＝専業主婦　妹＝三歳違い・既婚
妻＝最近仕事を再開
長女・次女＝小学生
●子どもの頃の夢
とにかくマンガが好きで、迷うことなくマンガ家になることが夢だった。小学校低学年の頃から落書き帳を二つ折りにし、ホチキスで留め、コマ割りのマンガを描いていた。

工作も大好きで、紙工作、木工、プラモデルなど、とにかく何かを作ることに夢中で、将来はマンガ家もそうだが、漠然と「モノづくり」に関わりたいと思っていた。

同時に「キャプテン翼」（いわゆるファースト・キャプテン翼）の影響と当時転校してきたクラスメイトがサッカーをやっていたので、自分もサッカーに打ち込む。まだ当然Jリーグもない時代だが、毎月必ず「サッカーマガジン」「サッカーダイジェスト」を買い、付録に付いてくる海外の有名選手ポスターを部屋に貼っていた。

中学はサッカーで有名な学校に進学したのだが、そのあまりにハードな練習内容にあっさりと方向転

平成25年　■流行語「お・も・て・な・し」「今でしょ！」「じぇじぇじぇ」「倍返し」「アベノミクス」「ご当地キャラ」

換。美術部へ入る。そこでの恩師である美術教師との出会いがとても大きな財産となった。青春時代と呼べるこの時期は、ロック・アイドル・漫画・アニメ・アート、そしてサッカーと、いわゆる（サッカー以外は）今でいうサブカルチャー的環境・世界にどっぷりと浸かっていた。オタクという言葉が出始めた、第一世代でもある。

マンガ家の夢もだんだんと現実が見え始めた頃には諦めもつき、今度は絵描き、アーティストを夢見る。ちょうど西武、パルコではアートコンペが多く開催され、日比野克彦が登場したり、海外の有名アーティストや写真家などの展覧会が行われたりと、実に刺激的、魅力的であった。

そんな中で自分も一発あてて有名になりたい！という低レベルな発想・動機ではあったが、念願だった美術大学に運よく現役で入ることができ、その夢は加速度的に膨らみ、自分の将来は輝かしく思えたものである。また、いわゆる大学デビューとでもいうのか、とにかく美大の楽しさと自由さ、好きなことに24時間365日どっぷり浸っていられたこの美大生活は未だに夢のように楽しく幸せだった記憶しかない。ちなみに卒業したくなくてもう一年、研究生として残ったくらいだ。行けるのなら十年くらい行きたいと思えるほど、大学生活はとにかく楽しかった。

大学で勉強するにつれ、次第に夢は「アーティスト」から「グラフィックデザイナー」へと変わってゆく。最先端という感じがしたし、現実問題就職して食べていくためには絵描きは自分の才能では無理だと自覚もしていた。

中学受験、そして美大受験、両方とも現役合格し、さらにいうならば就職も希望通りグラフィックデザイナーとなれた自分にはいわゆる「挫折」がない。「挫折を味わったことがない人間」は打たれ弱い、という気持ちがどこかにあり、けれど味わってこなかったことが幸せだ、ありがたい、と思えたりもする。無理して挫折を味わなくてもいいかもしれないし、いや、精神的に強くなるには経験した方が良かったのか……答えは出ない。いずれにせよ、ここまで概ね思い描いてきた人生五十年ではある。

●今後の五十年に向けて

まだ「自分は何者かになれるんじゃないか」と考えている節がある。現状維持しつつも、もっともっと自分がこうなりたい！と考えている。たとえばデザインの仕事が今後も増えて（現実には年齢と反比例することの方が多いようだが）売れっ子になりたい、だとか（笑）。デザインのかたわら、作家として個展を開いて少しは名を残したい、だとか。自分の頑張りでどこまでいけるか、というところだと思う。

仕事としてはあと二十年は頑張ってやっていきたい。生涯現役のつもりでいる。子どもがまだ小さいというのも理由の一つだが、やはりデザインの仕事は楽しく、何かを生み出し続けることはやめられない。デザインは「モノ」として残る。たとえ自分がこの世からいなくなってもそこに在り続ける。自分が死んだら回顧展でもやってもらいたい（笑）。

ワークライフバランスの観点から見れば、やはりデザインの仕事は長時間労働だし、常に頭のどこかで仕事のこと、アイデアを考えているし、休まる時間がない。子どもと一緒にいられる時間が少ないのが少し寂しい。子どもが生まれた途端、強烈に自分の「死」を意識し始めた。いや、意識させられた。

当たり前のことだが子どもより先に自分は死ぬ、この世からいなくなる。恐ろしくてたまらない、と

平成26年　■長寿番組「森田一義アワー　笑っていいとも！」が31年半の歴史に幕を下ろし放送終了、ギネス世界記録に認定される

思う。

小さな頃「死んだら自分というものはどうなってしまうの?」と母親に尋ねたことがある。母は「生まれ変わってまたこの世に現れるよ」と言い、ホッとしたのを覚えている。けれど、みっともないが自分はまだ死が怖い。人生100年時代と言われる昨今、あと五十年はある。そう、生まれてきた瞬間から今日までの五十年間、それと同じだけの年月分はまだある。……そう考えると変なもので「けっこう、長いな……百歳手前くらいで、眠るように死ねたらそれはそれでいいかな」とも思えるな。

今はまだ、子どもの成長を見続けて行きたいし、まだまだ楽しいことがあるとも思っている。楽しくて仕方ない毎日。感謝する毎日。それがこれからの小さいけれど大切な目標。

方向性その四【未来に希望を!】

●**名前**　非掲載希望（男性）
●**職業**　製造業
●**出身地**　東京都
●**家族構成**　妻、子どもふたり
●**子どもの頃の夢**　教師

●今後の五十年に向けて
社会的に：高い目標を常に追求し続ける。
個人的に：子どもが幸せに生活できるようにする。
希望的に：日本と世界の懸け橋となる。

●名前　糸山 英二（男性）
●職業　会社員
●出身地　愛知県名古屋市
●家族構成　妻、息子ふたり
●子どもの頃の夢　パイロット
●今後の五十年に向けて
会社定年後は、好きな写真で生計をたてたい。
社会的に：六十歳を過ぎても稼げる人間でありたい。
個人的に：自分が本当に好きなことでお金を稼ぐ＝人によろこんでもらうことができたらいいと思う。

●名前　非掲載希望（男性）
●職業　会社員（ＩＴ系）

平成27年　■２０２０年東京オリンピックのエンブレムに盗作疑惑が浮上

●**出身地**　新潟県
●**家族構成**　妻、娘
●**子どもの頃の夢**　飛行機のパイロット
●**今後の五十年に向けて**
社会的に…ビジネスマンとしてはまだ物足りなく、仕事を通じてひと花咲かせたい。また仕事を通じてもう少し世の中の発展に貢献したい。

個人的に…ビジネスマンとしてはあと十年続けて、企業勤務はやめて、六十歳で不動産産業かスポーツバーかペンションの経営をしたい。六十歳以降は趣味を中心とした生き方に変えていく予定。

希望的に…宝くじを当てて、四半期単位くらいで日本全国を転々と転居したい。さらには世界のいろんな国に移り住んでみたい。

●**名前**　岸本浩（男性）
●**職業**　板前
●**出身地**　東京都
●**家族構成**　父、兄
●**子どもの頃の夢**　バイクのレーサー　または　ビートたけしの弟子
●**今後の五十年に向けて**

社会的に：超高齢社会になるので、高齢者が楽しめる社会の片腕になる。
個人的に：もっと料理を作りたいので、食べ物で人を喜ばせたい。
希望的に：ミシュランで星を取る！

●名前　非掲載希望（女性）
●職業　医師
●出身地　東京都
●子どもの頃の夢　ジャーナリスト
●今後の五十年に向けて
居心地よく仕事をできる環境作りに努める。
社会的に：趣味の時間を増やして人生を楽しむ。
個人的に：大人がつらいと思う部分がよくなりますように。
希望的に：子どもたちが希望をもって社会に出ていけるように。

●名前　小池 朝子（女性）
●職業　ＤＴＰ編集者
●出身地　東京都

平成27年　■イギリス王室のキャサリン妃が第2子の女児を出産「シャーロット・エリザベス・ダイアナ」と命名

●**家族構成**　父・母、弟・妹、長男・長女・次女

●**子どもの頃の夢**　マンガ家

●**今後の五十年に向けて**

あの頃、［情報化社会］という言葉を耳にするようになり、中学生だった私は、［情報化社会］というものはコンピュータの発展や進歩なのかと思っていた。高校の学科に「情報処理科」という科ができ、「オタク」という単語が生まれ、今後コンピュータを使える人が社会を支えていく、そんな時代がやってくるのだと思い込んでいた。

私が師事していた先生は「オタクであることが実はとても大切なことなのだ」とよく仰っていた。「何かにだけは異常に抜きん出ている」ことを即ちオタクと称していたのだが、そのときピンと来なかったのは、私にとって「オタク」とはただのマニア的な人としか思っていなかったからだと思う。

そして、平成という時代になり、世の中が［情報化社会］となった。私の仕事もマッキントッシュを使うようになり、印刷物の入稿は、指定紙に赤ペンで書くのではなく、フロッピーやＭＯ（記録メディア）で入稿するという時代の最先端スタイルになった。別段、私がコンピュータで社会を支えたわけではなく、世の中に携帯電話が普及し、女性芸人がネタにしている大きなショルダー式電話機ではないアンテナの付いた小型の電話機を誰もが持って街中で通話をするようになり、一家に一台パソコンを持つ時代となったのだ。誰もが「インターネット」を繋いで通信し合える時代となった。「情報」が簡単に行き来する社会、それが［情報化社会］だ。アイフォンの進化は留まるところを知らず、もはやパソコンはオフィスの中

でのものではなくなり、財布よりも小さくて薄い機械を子どもまでもが持って使いこなしている。なんなら赤ちゃんまでもタブレットであやされる。その未来的な想像だった社会があっという間にきてしまった。で、次はどうなる？

会社では上司が「新しい企画を持ってこい」と言う。「上司」は古い時代の考えで、「新しいものを作れ」「新商品を開発しろ」と言うのだが、この「次」の時代に必要なものははたして「新しいもの」なのだろうか？

その「上司」とは、そう、私たちだ。かつて我々を新人類と呼んでいた「上司」に私たちはいま到達している。次から次へと新しいものができ、世の中が求めているものは、今こそ完全に「情報」となった。

旅行会社はかつて「旅行のためのきっぷ」を売っていたが、いま、彼らが売っているのは「旅行」そのもの、「こんなルートでこんな旅ができます」「〇〇好きの人に最高の旅プラン」などの「情報」である。グーグルでは、調べたいこと・知りたいことを次々と提供し、アマゾンでは、「物」を購入すると「それを買った人はこんなものも買っています」という情報を勝手に流してくれる。スマートフォンに話しかけると、近くにこんなお店があるよと教えてくれるし、そのお店がどんな評価を得ているのかをグルメナビサイトが教えてくれて、さらにサービス券まで付けてくれる。

ちょとまて、これが［情報化社会］なのか？

私たちは必死で情報を得て、新しいものを作らなければと、また情報を探す。「もっと新しい情報を！」とSNSを徘徊し、時には芸能人の私生活をも覗き見する。

世界のあらゆることが簡単に知れるようになった今、「これからの五十年間で私たちがすべきこと」は

平成28年　■「シン・ゴジラ」「君の名は。」などの邦画が大ヒット

「もっと新しいもの」を生み出すことだろうか？

この五十年で最も進化した職業は「詐欺」であると言っている人がいた。情報の進化は詐欺の手口をどんどん巧妙にし、情報を駆使すれば犯罪がいよいよ簡単に、そして想像を絶するレベルに拡大する。さあ、この「情報」をどうしていこう。

梅棹忠夫（１９２０年～２０１０年　日本の生態学者、民族学者、情報学者、未来学者）は「人が情報である」と言った。彼は大阪万博の跡地に「国立民族学博物館」をつくる構想を持ち、政治を動かし、博物館の初代館長となった。オープンすると、毎日館長室のデスクに座った。「人が情報である」を証明するように。情報社会をＡＩの活躍する時代と考える人を笑うかのように。

この先の五十年で、歳をとった我々の体力で物理的にできることはとても少ない。こんなに情報が蔓延していても、残された時間がどれくらいあるのかは、誰も知ることはできない。

今、令和という新しい時代を迎え、いつでも手にすることができるようになった「情報」が私たち自身という「人」ならば、私たちの思い出が未来を変える力があるならば、次世代のために私たちはどう生きるべきなのか。

もう一度『はだしのゲン』をみんなで読んでみたら、気づけるのかもしれない。

今が折り返し地点ならば、私はこの先の五十年をアナログで生きてみたい。もっと人間的に、とても原始的に、大切にしてきたものが何だったのかを思い出しながら生きてみたい。

●**名前**　近藤郷一（男性）
●**職業**　サラリーマン（建設業）
●**出身地**　東京（父親の長期出張中に静岡県富士市で生まれた）
●**家族構成**　母、弟、妻、義父（老人ホーム）
●**子どもの頃の夢**
中学〜大学：工学部の教授（人の金で好きなことだけやっているイメージ）↓研究することだと思い、ある大学院へ外部進学したら、研究する理由が理解できないテーマばかりで学者挫折。サラリーマン選択は自分にとって多分正解。
●**今後の五十年に向けて**
この数年思っていたことは「継承」すべきは何かということです。

仕事上の継承はどの業界でも頭を悩ますことと思いますが、共通の目的で組織的にあたることが多いと思います。

自分の生活上の思いの継承、子どものいない自分にとって、次代に託す何か一つとは何か？という観点で考えてみました。大きな社会的な波もなく育ってこられたのは、戦争、紛争が発生しなかったことによると思います。そのような経験がないことに対して、祖母は「あんたたちは苦労を知らなくて、いいねぇ！」と笑いながら話してくれました。

子どもの頃、年寄りが集まると、戦争の話、戦後の苦労、貧乏話を昔話のように語っていましたので、

平成29年　■安室奈美恵が2018年での引退を表明。ベストアルバム「Finally」は150万枚を突破

大昔の話と思っていました。それらを身近に感じるすべがまったくなかったからだと思います。でもそれは高々三十年程度の昔でしかなかったのです。

今から三十年前、昭和の終わり、そのころの記憶は自分にとって、最近のものです。年寄りの語っていた昔話は、そのくらいの時間しか経過していなかったのかと考えるとまったく昔話ではなかったのだと思います。

七十五歳になったとき、子どもの頃を遠い過去だと思うのだろうか？ 百歳になったら……。自分にとって連続する時間の中で、年寄りに聞いた話は風化するのであろうか？

「あんたたちは苦労を知らなくて、いいね！」

我々や子孫が祖母からいつまでもうらやまし続けられるような社会であり続ける、大波のない社会であり続けられたらいいな、と思っております。

※アンケートをお願いした日が異なるため直近の情報ではない場合があります。

第5章　宿題です（作文用紙）

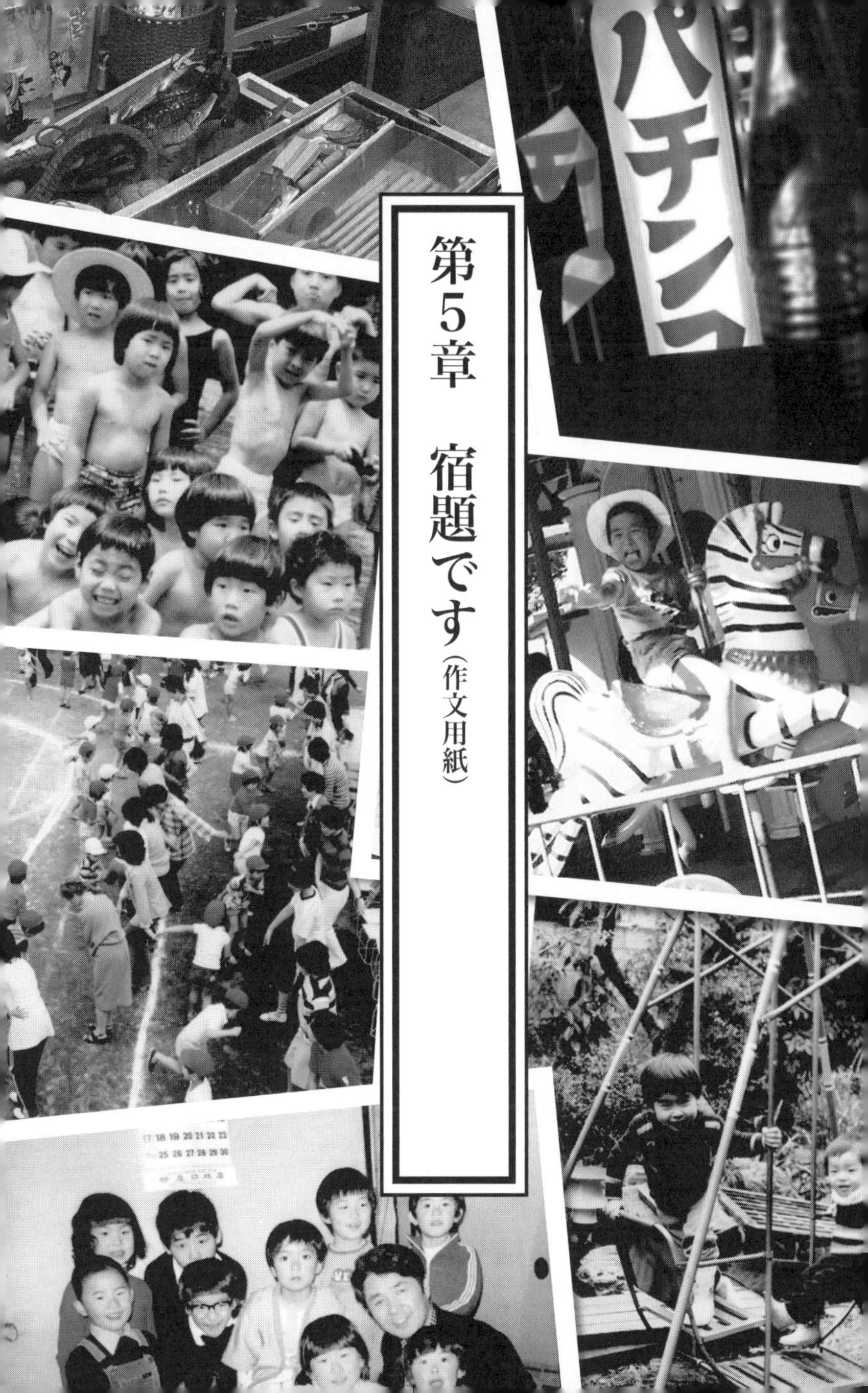

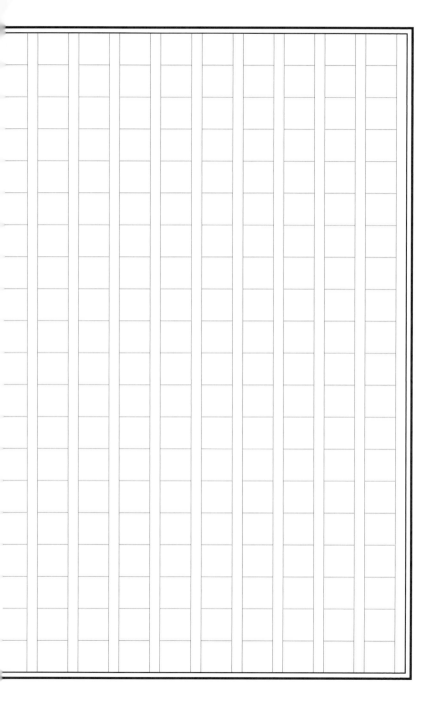

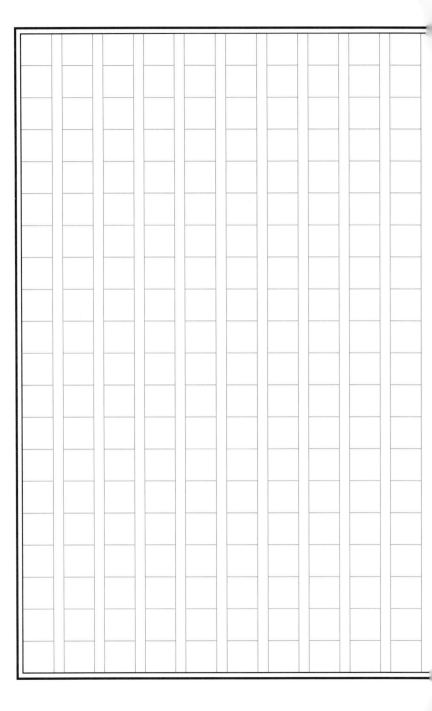

エピローグ

２０１８年３月、中学の同級生が他界した（享年四十八）。彼は中学二年生のときのクラスメイトで、もちろん記憶にはあったけれど、特別仲良くしていた間柄ではなかった。

二十代の頃、私がアメリカに留学していた同時期にアメリカにいたらしいよと友だちから聞き、結婚式の二次会でたまたま会った頃から連絡を取るようになった。

そしてまたしばらく時間が過ぎた。私は子育てやら仕事やら離婚やらでバタバタしていた。離婚後しばらく経ったころ、久しぶりに彼から連絡があり、

「お前もバイク乗ってんだってな。俺の彼女も同じバイク乗ってるぜ」

と言ってきたことがきっかけで、ときどき会うようになった。

あいにく恋愛感情はお互いにまったくなく、だからこそ気楽に付き合うことができたのだろうと思う。

この本を発行するために、何回か同級生との座談会を催した。その最初の回の時に彼を誘った。「めんどくせーな」と言いながらも会場に現れたのが２０１５年２月だった。

その日の録音に、彼がついひと月前にスノーボードに行って、宿舎で倒れたと言っているセリフが残っていた。

「え〜、なにやってんの！あっぶないな〜」

「なんか、タバコ吸いにベランダに出ていて、部屋に戻ったら、温かかったからだろ、温度差があって血

圧が下がってぶっ倒れちゃったんだよね」

「やめてよ〜、もう若くないんだからね！　死んじゃうかもしれなかったじゃん！」

そんなことを言って、笑い合ったのを何度も聞き返してさみしくなってしまう。

まさか、その三年後に本当に死んでしまうなんて。

第2章「ジャイアンがいた時代」で同級生の座談会を載せているが、その「ピケ」にあたる人物が三年後に亡くなった彼である。

プロローグに記したとおり、高校時代に美術予備校で知り合った友人とこの本の制作を進め、座談会をする日までは、この本は「昭和四十四年を懐かしむ本」になるはずだった。なんと言ってもアイドルブーム、漫才やマンガ、流行になったスーパーカー消しゴムやキン肉マン消しゴム、ピンク・レディーからスマップまでをなぞっていくようなイメージを抱いていた。

ところが、その座談会で、彼にズバッと言われてしまった。

「そんなの読んで面白いの？」

と。

青天の霹靂……とまでは言わないが、脳天チョップ！とでも言おうか、とにかく、

「え〜〜〜、うっそ〜〜〜、ほんとにぃ〜〜〜」

という感じだった（やだ、書いててはずかしい）。

言われた時は、自分を否定されたように思い、「友だちなのに、なんでそんなこと言うのよ！」と一瞬思ってしまったが、今は、その彼の言葉がなかったらこの本は完成に至らなかったと思う。

私は東京生まれで東京育ちで、山の手ではないが、それなりに開発が盛んな街で青年期までを過ごした。

「あの頃はよかったよね〜」

と能天気に口にしていた私は、まさにあの時代に育った典型的なぬるま湯人間だ。親の時代に比べれば、大した苦労もしていないのに、五十年ばかり生きただけで、今の子たちに向かって「スマホに向かってるだけなんて、なんだか情けないねえ」なんて言ってしまう。

あの座談会でしなければならなかったことは、決してアイドルの話で盛り上がることではなかったのだと気付かされた。

さて、これを読み終える今、きっと皆さんはちょっとした「不完全燃焼」を感じているのではないだろうか。「いや、私の地元はそんなんじゃなかったよ」「昭和っていうけどさあ」「あのネタがないじゃん！」「で、結論は何なの？」など、今でいう「口コミ」に投稿するコメントはちょっと辛口混じりになるのではないかと想像する。

結婚した人、しない人、子どもがいる人、離婚した人、仕事がうまくいっている人、そうじゃない人、私の周りにはいろんな同級生がいて、それぞれの人生はまだまだ「途中」のように見える。順風満帆ってなんですか？　お金をしっかり稼いでいる人？　驚く成功を収めている人？「いい歳」なのに本当にどうしちゃったの？ という生活をしている人や、いやお前がそうなったか！ とか、えっ、ちょっと病んじゃってる？ って思う人もいる。多くの同級生と改めて話すと、もうだいたい人生は終盤だと思っている人が六割、ここから第二の人生だと先を見ている人が三割、そして残りの一割は、とにかく今に満足していない人、という印象だった。

でも、本当にそうなのでしょうか。

最後の第5章は「宿題」になっています。

久しぶりに作文を書いてみませんか？

テーマは「これからの五十年をどう生きるのか？」

じゃなくてもいいです（笑）。

自分の小学生時代、中学生の頃の遊び、高校生で嫌になるほど悩んでいたこと、熱中したといえばコレ！ いろんなエピソードがあなたの人生にはありすぎるほどあるはずです。

学校の帰り道、傘をおちょこにするのがなんであんなに楽しかったんだろう。意味もなく、傘を道路に引きずって歩く。友だちと会えばとりあえず傘は刀になってチャンバラが始まる。傘一つ取っても、ビール二杯分くらいは会話ができそうでしょ。

「思い出」はただの懐かしい昔話ではなく、自分自身を作ってきた大切なアイテムであり、時代の象徴になり得るのです。

平成31年　■2019年5月1日に「令和」に改元。2019年は「平成31年」かつ「令和元年」

編集に六年もの時間がかかってしまったのは、怠惰な私と相棒のせいでもあり、またそれぞれのドラマがありすぎて、まとまりがつかなくなってしまったせいでもあります。

それでもなんとか完成に至ったのは、天国へ旅立ってしまった前述した友人のおかげだったなと思わずにいられません。

「そんなの読んで面白いの?」の言葉は、我々をとても悩ませたし、今我々が知りたいことは何なのか? 伝えることは何なのか? を考えさせられたからです。

この五十年で時代は大きく変わりました。この本の制作を終えようとしている2020年3月から、世界中が新型コロナの嵐に飲み込まれ、先がまったく見えない状況の中で「ウィズコロナ」という新しい言葉が生まれました。第3章の座談会の終わりに「アナログを取り戻そう」「この本のテーマは『未来の昭和』だ」と結論づけましたが、今社会では「インターネットを有効活用しよう」「リモートワークで仕事を」「VRで海外旅行を楽しもう」という流れが始まっています。

しかし、有識者たちの中には「社会が変わったというけれど、本質は何も変わっていない」と言う人もいます。皆が心の中で求めていた形を今急速に進めているだけで、根底にあるものは同じなのだ、と。

この時代が来るべきして来たものだったのか、私たちが過去に何かを間違えたのかわかりませんが、とにかく世界が一斉に同じ問題を抱えて解決しようとしているのが今です。いよいよ私たちは「大切なもの」に気づくことで未来を切り拓くことができるのかもしれません。この状況はもしかすると「ピンチはチャンス」というものなのかもしれません。「大切なもの」それは何か？

半生を振り返ること、自分の中にいつまでも残る「思い出」にヒントがあるのかないのか、不完全燃焼のこの本にはまだ結論はなかったかもしれませんが、あなたの中に答えはあるはずだと思います。

たぶん、それに気づくことが、五十歳になった昭和四十四年生まれの私たちにはできるはず。

どうか宿題の作文を書いてみてください。「思い出」こそが、私たちが伝えるべき「歴史」です。この本の第5章の「続編」こそが、『昭和四十四年生まれ　わが世代』の本編となるはずです。


最後に、「一体いつになったら発行されるの？」と長いこと待ち続け、時々不意に校正だのアンケートだのが送られてきても真面目に、そして協力的に編集にお力添えくださった昭和四十四年生まれの皆さん、過去の『わが世代　〇〇年生まれ』の編集者の皆さん、そして突然の依頼にも拘らず、男気あふれる気持ちの良いお返事で帯のコメントをお引き受けくださった俳優・的場浩司さんに、心からお礼申し上げます。

昭和44年生まれ編集委員会

令和二年　九月三十日

令和元年　■沖縄県那覇市の首里城で火災が発生。正殿などが全焼

昭和44年生まれ
わが世代
YaYaあの頃《とき》を忘れられない

昭和44年生まれ編集委員会編

初版印刷　2020年10月20日
初版発行　2020年10月30日

発行者　小池朝子
発行　有限会社スタジオK
〒181-0016 東京都三鷹市深大寺2-33-27-102
電話（0422）90-5985（編集）
info@studio-k.co

発売　株式会社河出書房新社
〒151-0051 東京都渋谷区千駄ヶ谷 2-32-2
電話（03）3404-1201（営業）
http://www.kawade.co.jp/

装幀　冨貫功一（ROOTS）

写真提供　昭和ハウス

印刷・製本　株式会社亨有堂印刷所

ISBN978-4-309-92212-6